Titel: layout + typographie
Foto: Imago/Sämmer

Liebe Leserin, lieber Leser!

„Methodenlernen differenziert“ ist ein neues Angebot in der Reihe „Praxis Geschichte extra“. Der hier vorliegende erste Band „Frühgeschichte bis Frühmittelalter“ bietet - wie weitere geplante Epochenbände - schülergerechtes Material und konkrete Anleitungen für ein differenziertes Methodenlernen und richtet sich vor allem, aber nicht ausschließlich, an Schülerinnen und Schüler nichtgymnasialer Schulformen. Die Lernenden üben mit den Arbeitsblättern fachspezifische Arbeitsmethoden ein und erhalten didaktisch-methodisch aufbereitete Materialien und konkrete Handlungsanweisungen sowie umfangreiche Hilfestellung, um selbstständig zu arbeiten. Dabei werden unterschiedliche Lerntypen, Lerngeschwindigkeiten und auch Einschränkungen (Inklusion) berücksichtigt. Durch die verknüpfende Einbindung von fächerübergreifenden Elementen der Erdkunde und Sozialkunde wird auch der Einsatz im Fach Gesellschaftslehre ermöglicht.

Für Ihren Unterricht alles Gute!

Ihr Florian Cebulla
Redaktion Praxis Geschichte
www.praxisgeschichte.de

Inhalt

www.praxisgeschichte.de

Methodenlernen differenziert

Eine Einführung

Von Heike Schuster

Heterogenität

Betrachtet man die Zusammensetzung der Schülerschaft einer Klasse, so wird deutlich, dass die Lerngruppen in der Regel heterogen zusammengesetzt sind – trotz der systemischen äußeren Differenzierung durch unterschiedliche Schulformen und trotz Differenzierungsangeboten in den Jahrgangsstufen. Heterogenität beschreibt demnach nicht die Ausnahme, sondern die alltägliche Unterrichtssituation in Lerngruppen[1]. Heterogenität erstreckt sich auf die Bereiche der individuellen sprachlichen Fähigkeiten und kognitiven Leistungsmöglichkeiten, des sozialen und kulturellen Hintergrunds oder individueller Förderbedarfe.[2]

Die Diskussion um die Inklusion hat auch Einfluss auf die fachdidaktische Auseinandersetzung über das Geschichtslernen in heterogenen Lerngruppen[3]. Die Bedeutung, die dem Geschichtsunterricht für die Entwicklung der gesellschaftlichen Dimension des Geschichtsbewusstseins innerhalb und für heterogene Gesellschaften zukommt, beschreibt der Geschichtsdidaktiker Martin Lücke folgendermaßen: „Geschichtsunterricht findet in Deutschland – und vermutlich auch überall sonst auf der Welt – in Gesellschaften statt, die durch Heterogenität und soziale Ungleichheiten geprägt sind. (…) ‚Gesellschaft' mit ihren machtvollen Mechanismen von Ausgrenzung, Integration und Teilhabe ist dabei weit mehr als eine bloße Kulisse für den Geschichtsunterricht, vor deren Hintergrund auf beliebige Weise historisch gelernt werden kann. Sie spannt diejenigen Lebenswelten auf, aus denen heraus Schülerinnen und Schüler den Erfahrungsraum Geschichte betreten, um die gegenwärtige Gesellschaft in ihrer Gewordenheit zu verstehen und um sich für ihre individuell-gesellschaftliche Zukunft orientieren zu können."[4]

Um die tatsächliche Diversität, die die Unterrichtspraxis bestimmt, abbilden zu können, wäre die Verwendung eines erweiterten Inklusionsbegriffs hilfreich, um weiterhin die Teilhabe aller Schülerinnen und Schüler an schulischer Bildung im Blick zu behalten. Ein differenziertes Lernangebot bildet die Grundlage dafür, dass individuelle Lernbegabungen im Unterricht ihren Raum finden.[5]

Ziel und Aufbau des Bandes

Die Herausforderung für die unterrichtspraktische Umsetzung im Fach Geschichte liegt unter anderem darin, alle Schüler im Sinne des Kompetenzerwerbs anzuleiten und zu unterstützen, reflektiertes Geschichtsbewusstsein aufzubauen. Der Schwerpunkt des vorliegenden Bandes liegt auf der Entwicklung der Methodenkompetenz von Schülern der Klassen 5 und 6 der Sekundarstufe I.

Die Einheiten beziehen sich auf den Zeitraum von der Frühgeschichte bis zum frühen Mittelalter. Sie sind auf der Sachebene auf die meisten Lehrpläne der Bundesländer abgestimmt. Viele Länder haben inzwischen kompetenzorientierte Lehrpläne implementiert. Die dort konkretisierten Kompetenzstrukturen[6] sind unterschiedlich, im Bereich der Methodenkompetenz finden sich jedoch zahlreiche Überschneidungspunkte (siehe Word Web 1: Methodenkompetenz). Die fachspezifischen Methoden werden in der Regel in dem üblichen Dreischritt von Beschreibung – Erarbeitung – Deutung erschlossen. So wird die Entwicklung der Methodenkompetenz in Verbindung mit der Sach- und Urteilskompetenz für die Klasse 5/6 angemessen angebahnt. Die Handlungskompetenz wird durch Arbeitsaufträge gezielt gefördert.

Der Band gliedert sich in Einheiten mit historischen Schwerpunkten, die exemplarisch durch Einheiten aus den Unterrichtsfächern Erdkunde und Sozialwissenschaft ergänzt werden. So kann das Lernen in dem integrierten Fach Gesellschaftslehre gefördert werden.

Einsatz im Unterricht

Die Einheiten können vollständig oder auszugsweise in den Unterricht aufgenommen oder darauf abgestimmt werden. Sie können in der Regel von schulischer Seite eingeführte Materialien ergänzen, die Planung des Unterrichts für die spezifische Lerngruppe jedoch nicht ersetzten. Ziel der Arbeit mit den vorliegenden Materialien ist es, dass Schüler Arbeitsergebnisse und Texte produzieren, die im Sinne des nachhaltigen Lernens, welches den spiralcurricular angelegten Lehrpläne zugrunde liegt, Modellcharakter besitzen. Voraussetzung dafür ist, dass den Lernenden für die Erarbeitung ausreichend Zeit zur Verfügung steht.

Differenzierung und Unterstützung

Ein besonderes Augenmerk liegt auf der sprachlichen Förderung der Schüler mit dem Ziel, Lernende beim Erwerb der Bildungssprache zu unterstützen.

Word Web 1: Entwicklung von Methodenkompetenz im Geschichtsunterricht

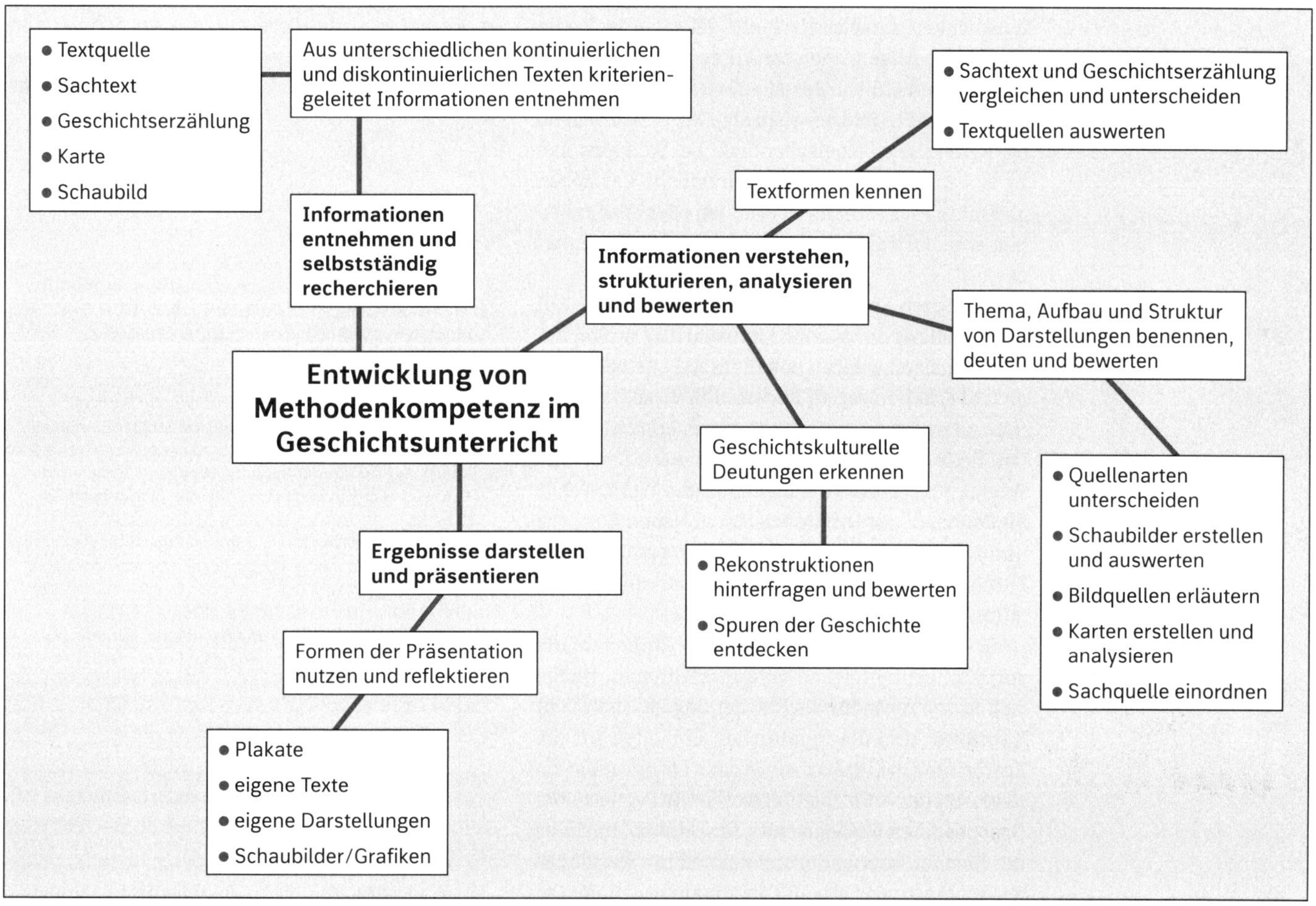

Word Web 2: Maßnahmen zur Differenzierung und Unterstützung

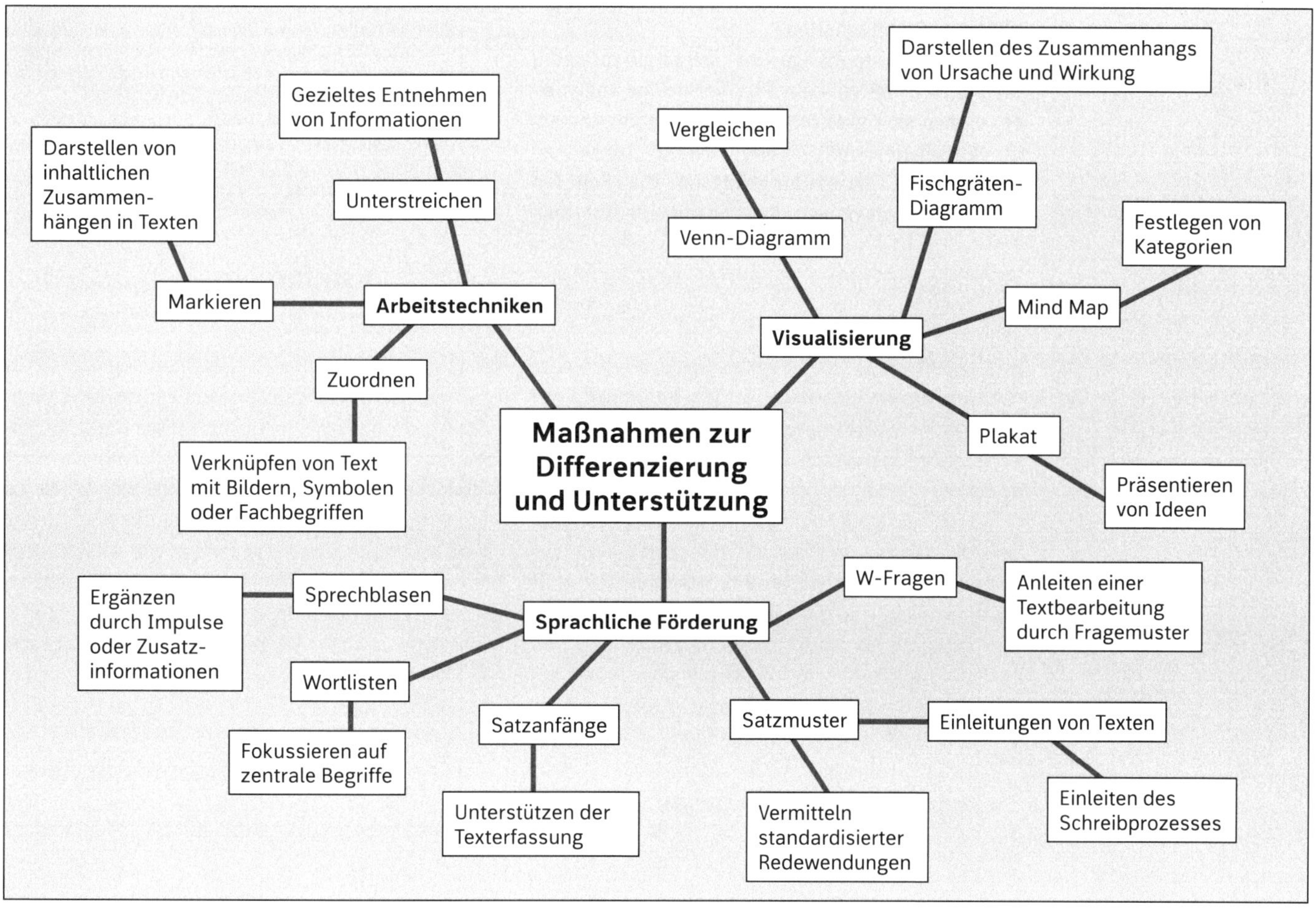

Im Fach Geschichte „begegnet Schülern vergangene Wirklichkeit zumeist als Text“[7]. Die Schüler bedienen sich im Allgemeinen der Alltagssprache, aus der sich fachsprachliche Besonderheiten oder bildungssprachliche Strukturen nicht ableiten lassen. Zudem ist aus lernpsychologischer Sicht bei Schülern häufig zu beobachten, dass das individuelle Vermögen, abstrakte Sachverhalte zu erfassen oder Zusammenhänge zu abstrahieren, noch nicht genügend entwickelt ist.

Die einzelnen Einheiten sind deshalb in der Aufgabenstellung insgesamt kleinschrittig aufgebaut. Die Lernenden wenden bekannte Arbeitstechniken an und erhalten gezielt Redemittel, sprachliche Hilfen und ergänzende Impulse, die es erleichtern sollen, Texte zu verstehen und den eigenen Lern- und Produktionsprozess anzuleiten (siehe Word Web 2: Maßnahmen zur Differenzierung). Neben der Lese- und Schreibkompetenz soll durch unterschiedliche Formen der Präsentation auch die mündliche Kommunikationsfähigkeit geschult werden.

In den Erläuterungen, die den Einheiten dieser Einführung folgend vorangestellt sind, finden sich Anregungen für die Erarbeitung im Unterricht. Konzipiert sind die inhaltlichen Einheiten für die Erarbeitung in Einzelarbeit. Je nach Lerngruppe können kooperative Erarbeitungsformen in Partner- oder Gruppenarbeit hilfreich und sinnvoll sein.[8] Im Sinne der Kompetenzorientierung können mit Verfahren des kooperativen Lernens Performanzsituationen geschaffen werden, die den historischen Lernprozess fördern oder Präsentationsmöglichkeiten in geschütztem Raum schaffen.

Um Zusammenhänge zu veranschaulichen, Kategorien zu entwickeln oder Vergleiche anzustellen, eignen sich grafische Strukturierungsformen zur Visualisierung.[9] Zudem werden durch unterschiedliche Darstellungsformen für Schüler Entwicklungszusammenhänge oder die Bedingtheit von Ursache und Wirkung veranschaulicht. Die eigenen Arbeits- und Lernprozesse der Schüler werden transparent gemacht und deren Reflexion so erleichtert.

---

1 Vgl. Bönsch, Manfred: Binnendifferenzierung. Erfolgreiches Lernen durch Differenzierung im Unterricht. In: Betrifft Lehrerausbildung und Schule Heft 7, 9/2010, S. 5–11 (http://www.bak-onlIne.de/lvb/berlin/BLuS_Heft7_2010.pdf)

2 Vgl.: Wenzel, Birgit: Heterogenität und Inklusion – Binnendifferenzierung und Individualisierung. In: Barricelli, Michele und Lücke, Martin (Hrsg.): Handbuch Praxis des Geschichtsunterrichts, Bd. 2. Schwalbach/Ts. 2012, S. 239

3 Barsch, Sebastian und Haßberg, Wolfgang (Hrsg.): Inklusiv – Exklusiv. Historisches Lernen für alle. Schwalbach/Ts. 2014

4 Lücke, Martin: Diversität und Intersektionalität als Konzept der Geschichtsdidaktik. In: Barricelli, Michele und Lücke, Martin (Hrsg.): Handbuch Praxis des Geschichtsunterrichts, Bd. 12. Schwalbach/Ts. 2012, S. 136

5 Kühberger, Christoph und Windischbauer, Elfriede: Individualisierung und Differenzierung im Geschichtsunterricht. Offene Lernformen in Theorie und Praxis. 2. A. Schwalbach/Ts. 2012, S. 7

6 Vgl. dazu: Heil, Werner: Kompetenzorientierter Geschichtsunterricht. Stuttgart 2010

7 Handro, Saskia: Sprache und historisches Lernen. Dimensionen eines Schlüsselproblems des Geschichtsunterrichts. In: Becker-Mrotzek, Michael u.a. (Hrsg.): Sprache im Fach. Sprachlichkeit und fachliches Lernen, Münster 2013, S. 231. Vgl. auch Hartung, Olaf: Sprache und konzeptionelles Schreibhandeln im Fach Geschichte. In: Becker-Mrotzek, Michael u.a. (Hrsg.): Sprache im Fach. Sprachlichkeit und fachliches Lernen, Münster 2013, S. 337.

8 Vgl.: Braun, Dirk u.a.: Kooperatives Lernen in Fächern der Gesellschaftslehre. Aktiv lernen in Raum, Zeit und Gesellschaft. Essen 2013; Müller, Andreas: Kooperatives Lernen im gesellschaftswissenschaftlichen Unterricht. 10 Methoden aus der Praxis für die Praxis. Paderborn 2014

9 Brüning, Ludger und Saum, Tobias: Erfolgreich unterrichten durch Visualisieren. Grafisches Strukturieren mit Strategien des Kooperativen Lernens. Essen 2007; dies.: Visualisieren als Strategie des erfolgreichen Unterrichts. In: Praxis Schule 5–10, Heft 5/2007, S. 6–9

Einheit 1: Steinzeit (1)

Planung und Zeitrahmen

Klassenstufe: 5
Zeitbedarf: 1–2 Stunden
Ziele:
- Lesen des Jugendromanauszugs und des Sachtextes
- kriteriengeleitetes Entnehmen von Informationen
- Vergleich des Informationsgehaltes beider Texte
- Bewertung der Unterschiede zwischen den Texten

Kompetenzen: Die Schülerinnen und Schüler können …
- unter Anleitung Informationen aus Texten unterschiedlicher Gattungen entnehmen,
- in elementarer Form zwischen Belegbarem und Vermutetem unterscheiden.

Begriffe: Ötzi, Roman, Lexikon, Venn-Diagramm
Methode: Vergleich des sachlichen Gehaltes von Texten unterschiedlicher Gattung

Materialhinweise

Schülerinnen und Schüler verfügen über ein reichhaltiges Geschichtswissen, das maßgeblich durch die Medien geprägt ist. Auf Grundlage der beiden Texte, die sich beide mit der Ausstattung der Gletschermumie „Ötzi" befassen, soll auf einfache Weise vermittelt werden, wie historisches Wissen in medialen Produkten Verwendung findet und mit welcher Wirkungsabsicht dies geschieht. Niederschwellig wird somit die De-Konstruktion von Geschichte angebahnt.

Die Strukturierung der Inhalte mit Hilfe eines Venn-Diagrammes ermöglicht es, die zu betrachtenden Aspekte vollständig zu vergleichen. Die Unterschiede, die in der Schnittmenge der Felder vorhanden sind, führen folgerichtig zu einer Fragestellung, die die Reflexions- und Urteilskompetenz der Schüler fördert.

Venn-Diagramm

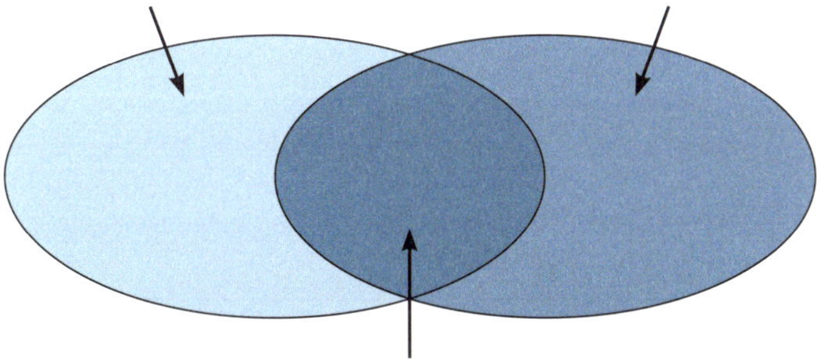

Hinweise zum Unterrichtsverlauf

In einer ersten Erarbeitungsphase lesen die Schüler beide Texte und markieren entsprechend der Arbeitsaufträge die Textstellen. Anschließend notieren sie ihre Ergebnisse in dem Venn-Diagramm. Abschließend erfolgt eine Reflexion der Ergebnisse. Die Unterschiede zwischen beiden Texten werden vor dem Hintergrund der Wirkung thematisiert.

Lösungen

Jugendbuch	Lexikonartikel
a) Aussehen	
	■ 1,60 m groß ■ lange, gewellte Haare ■ evtl. Bart
b) Kleidung	
■ Ledertasche mit Schlaffell ■ Lederschuhe mit Riemen und mit Heu gefüllt	■ Jacke aus Ziegenfell ■ Mütze aus Bärenfell ■ Beinlinge (Hose) ■ Gürtel ■ Grasmatte ■ Lederschuhe aus Bast mit Gras gefüllt
c) Waffen und Werkzeuge	
■ Feuersteine ■ Pfeil und Bogen ■ Beil	■ Kupferbeil ■ Pfeil und Bogen ■ Retuscheur zur Bearbeitung von Feuerstein-Klingen ■ Kraxe (Rucksack) ■ Behälter aus Birkenrinde mit Zunder/Glut
d) Verhalten	
■ ängstlich ■ ist auf der Flucht ■ vorsichtig ■ darf niemandem vertrauen ■ versteckt sich	

Tipps

Das Lesen und die durch Fragen angeleitete Bearbeitung der Texte sollten in Einzelarbeit erfolgen. Dies kann aber als Partnerarbeit arbeitsteilig angelegt sein, das heißt, je ein Schüler liest und bearbeitet einen Text. Für die Bearbeitung des Venn-Diagramms und die Kontrolle der Ergebnisse bietet sich die Partnerarbeit als Sozialform an.

LITERATUR

Ballinger, E.: Der Gletschermann. Ein Steinzeitkrimi. Würzburg 2005
Brüning, L./Saum, T.: Erfolgreich unterrichten durch Visualisieren. Grafisches Strukturieren mit Strategien des Kooperativen Lernens. Essen 2007
Fleckinger, A. (Hrsg.): Ötzi 2.0. Eine Mumie zwischen Wissenschaft, Kult und Mythos. Stuttgart 2011
GEOlino extra: Die Steinzeit. Heft 32, o.J.
Praxis Geschichte Heft 6/1994 Vorgeschichte
Sulzenbacher, G.: Ötzi und Juanita. Archäologische Funde entschlüsseln die (Vor-)Geschichte der Menschen. In: Praxis Geschichte Heft 2/2002 Bilder als Quelle, S. 27–34

Einheit 2: Steinzeit (2)

Planung und Zeitrahmen

Klassenstufe: 5
Zeitbedarf: 2-3 Stunden
Ziele:
- sicheres Verwenden fachsprachlicher Termini
- kriteriengeleitetes Erarbeiten eines Sachtextes
- Formulieren eines vereinfachten Ausgrabungsprozesses

Kompetenzen: Die Schülerinnen und Schüler können …
- einfache Fachbegriffe sachgerecht erläutern und anwenden,
- anhand eines einfachen Beispiels beschreiben, wie Wissenschaftler arbeiten und Erkenntnisse gewinnen,
- unter Anleitung aus Texten Schlüsselwörter und Informationen entnehmen.
- Hauptgedanken eines Textes wiedergeben

Begriffe: Archäologe, Archäologie, Grabung, Fund, Überrest
Methode:
- Sachtexte untersuchen

Hinweise zum Unterrichtsverlauf

Dieser Einheit vorangestellt ist ein kurzer Informationstext, mit dem die Lernenden zu dem Thema hingeführt werden und zentrale Begriffe erarbeiten. Im Wesentlichen orientiert sich die Einheit in ihrem Aufbau an der Fünf-Schritt-Lesemethode:

1. Den Text überfliegen und das Thema erfassen: Dieser Schritt wird durch den einleitenden Schritt vorbereitet.
2. Fragen an den Text stellen: Den Schülerinnen und Schülern sind Fragen als Beispiele vorgegeben, da sie sich in der Regel schwertun, eigene Fragen unmittelbar zu formulieren. Unterstützt durch die W-Fragen sollen sie anschließend eigene Fragen formulieren.
3. Genau lesen, Schlüsselwörter markieren und Unbekanntes klären.
4. Den Text in Sinnabschnitte gliedern und Überschriften formulieren: Hier arbeiten die Schüler mit Bildern, zu denen sie kurze Texte verfassen sollen. Es erfolgt also eine Übertragung des Inhalts auf die Fotos, wobei der Fokus auf dem Beschreiben der Arbeitsschritte liegt.
5. Den Inhalt wiedergeben: Dieser Schritt erfolgt produktionsorientiert. Die Lernenden verfassen einen Text, in dem sie erläutern, warum sie einen Besuch im Federseemuseum als Klassenausflug durchführen möchten.

Materialhinweise

Als Sachtext wurde hier ein Zeitungsartikel herangezogen, in dem beschrieben wird, wie Schülerinnen und Schüler Schritte des archäologischen Arbeitens nachvollziehen. Die Lernenden können dadurch einfacher einen Zugang zu dem Themenbereich finden. Die Fotos korrespondieren mit den beschriebenen Arbeitsschritten und stellen somit eine Unterstützung sprachlich schwacher Schüler dar.

Lösungen

Das Lesen und Bearbeiten der Aufgaben wird je nach Wissen und sprachlicher Kompetenz zu individuellen Schülerantworten führen. Folgende Fragen an den Text könnten formuliert werden:
- Wer darf die Grabungen durchführen?
- Wie heißt der Chefarchäologe?
- Wo finden die Grabungen statt?
- Was finden die Kinder?
- Warum dürfen sie graben?
- Wann fand die erste Ausgrabung statt?

LITERATUR

Kliebisch, U./Schmitz, P.: Methodentrainer. Arbeitsbuch für die Sekundarstufe I, Gesellschaftswissenschaften. Berlin 2001
Klippert, H.: Methodentraining. Übungsbausteine für den Unterricht. Weinheim und Basel 1999

Einheit 3: Altes Ägypten (1)

Einheit 4: Ägypten früher und heute

Planung und Zeitrahmen

Klassenstufe: 5

Zeitbedarf: 3 Stunden

Ziele:
- Beschreibung geografischer Besonderheiten Ägyptens
- Erkennen der individuellen und staatlichen Abhängigkeit Ägyptens vom Nil als Lebensquelle
- Planung und Erarbeiten der Herausforderungen im Umgang mit dem Nil heute

Kompetenzen: Schülerinnen und Schüler können …
- einfachen Karten und Texten Informationen entnehmen,
- den Einfluss menschlichen Handelns auf Naturräume beschreiben,
- die Herausforderungen der Natur früher und heute beurteilen.

Begriffe: Legende, Landwirtschaft, Transport, Versorgung, Staatsverwaltung, Versorgung, Überschwemmung

Methoden:
- Kartenarbeit
- Textanalyse

Hinweise zum Unterrichtsverlauf und Tipps

1. Die Schülerinnen und Schüler sollten mit der Methode der Kartenarbeit soweit vertraut sein, dass sie mit Begriffen wie „Legende“ oder „nördlich“ umgehen können. Es geht in dieser Einheit jedoch nicht um eine Kartenanalyse im eigentlichen Sinne. Die Karte dient vornehmlich dazu, dass sich die Lernenden mit dem geografischen Raum und den dortigen Gegebenheiten vertraut machen und Wissen aus dem Fach Erdkunde aktivieren. Die Schüler ordnen Fachbegriffe zu.
2. In dem folgenden Schritt setzen sie sich mit der Bedeutung des Nils im alten Ägypten auseinander. Für die Erarbeitung bietet sich neben der Einzelarbeit vor allem die kooperative Erarbeitung mit Hilfe eines Placemats an, auf das die Leitfragen aus M 4 übertragen werden können:

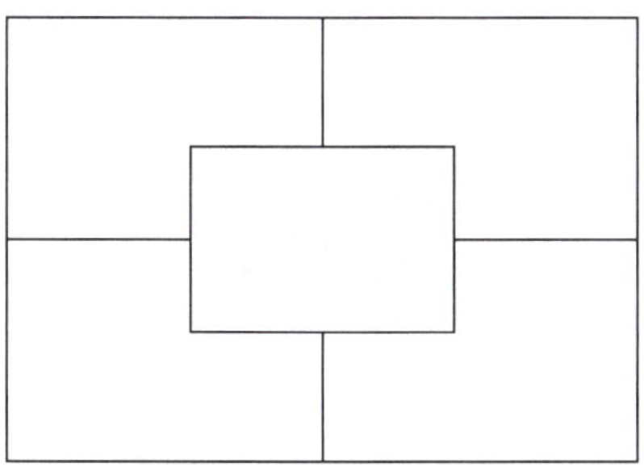

   So kann auch die Kontrolle der Ergebnisse innerhalb der Gruppe und mit dem Partner von den Lernenden selbstständig vorgenommen werden.
3. Schließlich erarbeiten die Schüler die Bedeutung des Nils und der Nilschifffahrt aus heutiger Sicht anhand eines kurzen Informationstextes. Durch den strukturierten Vergleich zweier Karten erarbeiten die Schüler die Veränderungen im Hinblick auf die Transportwege innerhalb Ägyptens. Die zeitgenössische Karte wurde auf den räumlichen Umfang des heutigen Ägyptens reduziert, um die Vergleichbarkeit herzustellen.

Lösungen

1.

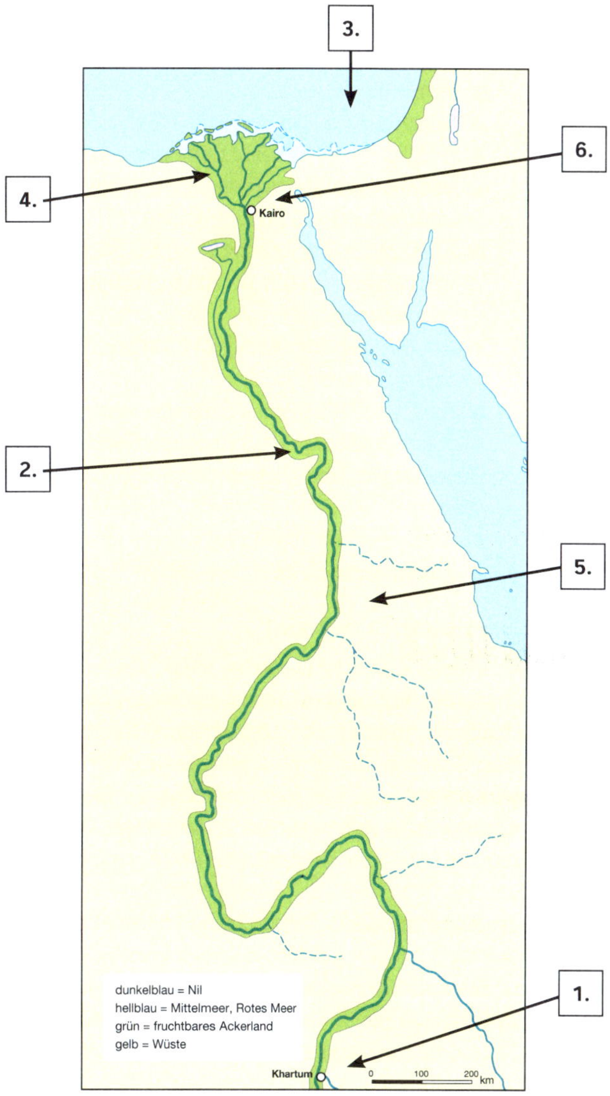

Karte: Westermann

1. Eine der Quellen des Nils liegt bei Khartum.
2. Am Ufer des Nils befindet sich fruchtbares Ackerland.
3. Der Nil mündet ins Mittelmeer.
4. Den Mündungsbereich des Nils nennt man Nildelta, weil sich der Fluss in mehrere Arme aufteilt.
5. Der Nil verläuft durch die Wüste.
6. Kairo, die heutige Hauptstadt Ägyptens, liegt am Nil, bevor dieser sich in mehrere Mündungsarme teilt.

2. und 3.
Individuelle Schülerantworten, die mit Hilfe der vorbereiteten Satzanfänge gegeben werden können.

LITERATUR

Praxis Geschichte Heft 4/2013 Das Land der Pharaonen
Praxis Geschichte Heft 4/1995 Altes Ägypten

Einheit 5: Altes Ägypten (2)

Planung und Zeitrahmen

Klassenstufe: 5

Zeitbedarf: 3-4 Stunden

Ziele:
- Erarbeiten der Begriffe Gesellschaft und Hierarchie am Beispiel der ägyptischen Gesellschaftsstruktur
- angeleitete Auswertung eines Schaubildes
- Vergleich und Bewertung zweier unterschiedlicher Schaubilder

Kompetenzen: Schülerinnen und Schüler können ...
- die Handlungsmöglichkeiten und Funktionen von Gruppen in den jeweiligen Gesellschaften beschreiben,
- unter Anleitung Thema und Aufbau von Schaubildern benennen,
- die Darstellungsformen vergleichen und ansatzweise einen eigenen Standpunkt formulieren.

Begriffe: Gesellschaft, Staat, Hierarchie, Pharao, Beamte, Wesir

Methoden:
- Analyse eines Schaubildes
- Textanalyse

Hinweise zum Unterrichtsverlauf

1. Da es Schülerinnen und Schülern schwerfällt, zentrale Begriffe wie Gesellschaft oder Hierarchie zu verstehen und diese gleichzeitig auf ein Schaubild zu übertragen, sollen die Lernenden sich zunächst mit Gruppen der ägyptischen Gesellschaft über Kurztexte auseinandersetzen. Das Unterstreichen der Befehls- und Dienststruktur soll die Arbeit mit den Schaubildern vorbereiten.
2. Um den Umgang mit diskontinuierlichen Texten zu schulen, wenden die Schüler die Schritte der Schaubildanalyse zunächst an einem Beispiel-Schaubild an. Dies geschieht beispielhaft und gelenkt, indem die Schüler vorbereitete Teilsätze vervollständigen.
3. In einem nächsten Schritt sollen die Lernenden die Schritte selbstständig durchführen. Damit die Schüler den Vergleich anstellen können, gibt es Satzanfänge, die Gemeinsamkeiten und Unterschiede in den Fokus der Betrachtung stellen. Das Heranziehen eigener Ergebnisse aus der Textbearbeitung ermöglicht eine gehaltvollere Aus- und Bewertung des Aussagegehaltes der Schaubilder.

Materialhinweise und Tipp

Die Schaubilder sind typische Beispiele, die sich in zahlreichen Publikationen finden. Die Nutzung des Materials aus dem jeweils eingeführten Lehrwerk ist durchaus möglich.

Lösungen

1. Pharao: Befehle erteilen, Schutz des Volkes und des Landes;
   Priester: steht außerhalb der Ordnung, ist nur dem Pharao verpflichtet;
   Wesir/Beamte/Schreiber: Befehle empfangen und Dienste entsprechend ausführen, Befehle weitergeben, überwachen/kontrollieren;
   Kaufleute/Handwerker/Bauern: Dienste und Abgaben erbringen;
2. Individuelle Schülerlösung mit Hilfe der Satzanfänge (nur drei gesellschaftliche Schichten, Gruppen nicht eindeutig erkennbar, Beziehungen nicht deutlich, da Pfeile, Symbole, Beschreibungen fehlen; Gruppen außerhalb der Gesellschaft werden nicht erwähnt)
3. Individuelle Schülerlösung mit Hilfe der Satzanfänge (Gruppen nicht eindeutig zugeordnet, Beziehungen nicht deutlich, da Pfeile und Beschreibungen fehlen)

LITERATUR

Praxis Geschichte Heft 4/2013 Das Land der Pharaonen

Praxis Geschichte Heft 4/1995 Altes Ägypten

Einheit 6: Altes Ägypten (3)

Einheit 7: Ägypten heute

Planung und Zeitrahmen

Klassenstufe: 5/6

Zeitbedarf: 4 Stunden

Ziele:
- Erarbeitung der Bedeutung des Tals der Könige
- Quellenbasierte Erkundung der Grabanlage Tutanch-Amuns
- Reflexion der Einflüsse des Massentourismus auf Ägypten heute

Kompetenzen: Schülerinnen und Schüler können ...
- einfache Fachbegriffe sachgerecht erkennen und anwenden,
- in Texten angeleitet Schlüsselwörter und Kernaussagen kennzeichnen und diese wiedergeben,
- einfache raumbezogene Sachverhalte und einfach strukturierte Problemstellungen beurteilen.

Begriffe: Tutanch-Amun, Pharaonengräber, Tal der Könige, Tourismus

Methode:
- Entnehmen von Informationen aus Quellentext und informierenden Texten

Materialhinweise

Grundlage für die Erarbeitung bildet der Bericht Howard Carters über die Entdeckung des Pharaonengrabes von Tutanch-Amun aus dem Jahre 1924. Der Bericht ist im Duktus der Zeit sehr lebendig geschrieben, so dass er auch heute Schülerinnen und Schülern einen guten Zugang zum Thema ermöglicht. Der Bericht Carters beschreibt die Ausgrabung sehr detailliert. Die Reduktion des Textumfangs sowie die Fokussierung auf einen inhaltlichen Aspekt, hier der Weg durch das Grab, ist somit notwendig. Die Seitenkammer, die von der Vorkammer abgeht, bleibt unberücksichtigt. Der Text M 1 zur Bedeutung des Tals der Könige mit der Aufgabe der Verortung kann als Hinführung zum Thema eingesetzt werden.

Bezüge zu Fächern der Gesellschaftslehre

Die Arbeitsblätter zu den Auswirkungen des Massentourismus ermöglichen zum einen die Anknüpfung an das Fach Erdkunde, zum anderen die Gelegenheit, einen Gegenwartsbezug unter dem Blickwinkel des gegenwärtigen Umgangs mit Kulturgütern, hier dem Grab Tutanch-Amuns herzustellen.

Hinweise zum Unterrichtsverlauf

1. Als Hinführung zum Thema erarbeiten die Schüler die Bedeutung des Tals der Könige und der dortigen Grabanlagen durch Fragen angeleitet. Sie verorten das Tal der Könige und erfahren gleichzeitig zentrale Begriffe der Einheit.
2. Auf das Lesen der Textquelle folgt eine angeleitete intensive Auseinandersetzung mit dem Text. Das Vorgehen erfolgt kleinschrittig und orientiert sich am Ablauf der im Forscherbericht Carters dargestellten Ereignisse.
   Dazu markieren die Schüler die Räume der Grabanlage in den Textabschnitten. In einem nächsten Schritt werden Aussagen, die den Inhalt der Textabschnitte wiedergeben, zusammengefasst. Zur Übertragung der bisherigen Arbeitsergebnisse auf eine grafische Darstellung entwickeln die Schüler den Plan der Grabanlage aus vorgegebenen Einzelteilen, die durch Pfeile oder Beschriftungen individuell ergänzt werden können.
3. Um sich mit der Bedeutung und den Folgen auch für die Grabanlagen im Tal der Könige durch den gegenwärtigen Massentourismus auseinanderzusetzten, entnehmen die Lernenden zunächst Informationen aus einem Text, formulieren auf dieser Grundlage eigene Bildunterschriften und entwickeln in einem fiktiven Dialog ihre eigene Haltung zu dem Problem.

Lösungen

1. Arbeitsauftrag 1: Grabstätten fast aller Pharaonen finden sich dort aus Angst vor Grabräubern.
   Arbeitsauftrag 3: Grabräuber; Forscher und Archäologen.
2. Arbeitsauftrag 3:
   1. Howard Carter findet die Treppe zum Eingang des Grabes.
   2. Howard Carter stößt auf die erste versiegelte Tür, hinter der sich ein Gang befindet.
   3. Er findet eine zweite versiegelte Tür.
   4. Hinter der zweiten Tür befindet sich eine Kammer mit Reichtümern und Schätzen.
   5. Dies ist die Vorkammer.
   6. In der Vorkammer befindet sich die dritte versiegelte Tür.
   7. Durch die dritte Tür kommt Carter in die Sargkammer.
   8. In der Sargkammer gibt es eine vierte Tür.
   9. Durch die vierte Tür gelangt Carter in die Schatzkammer.

   Arbeitsauftrag 1:

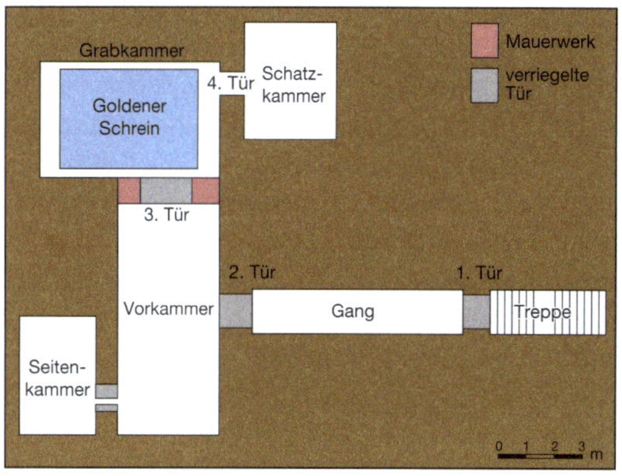

Grafik: Westermann

3. Arbeitsauftrag 1a)
   Mildes Klima im Winter, sportliche Aktivitäten möglich, Besichtigung zahlreicher Sehenswürdigkeiten.
   Arbeitsauftrag 1b)
   Massentourismus schafft Arbeitsplätze für Einheimische; bringt Einnahmen und sichert Existenz der Familien.
   Arbeitsauftrag 1c)
   Zahlreiche Hotelbauten, Umweltbelastungen durch Müll, Flugverkehr, hohen Wasserverbrauch; Zerstörung von Korallenriffen, Schäden an Kulturgütern durch Touristen.

LITERATUR

Hornung, E: Grundzüge der ägyptischen Geschichte. Darmstadt 2005
Ders.: Einführung in die Ägyptologie. Darmstadt 2004
Praxis Geschichte Heft 4/2013 Das Land der Pharaonen
Praxis Geschichte Heft 4/1995 Altes Ägypten

Einheit 8: Mit Rekonstruktionen arbeiten

Planung und Zeitrahmen

Klassenstufe: 5
Zeitbedarf: 3 Stunden
Ziele:
- Erarbeitung des Unterschiedes zwischen Fund und Rekonstruktion
- Erkennen, dass Rekonstruktion Deutung umfasst
- Bewerten von Rekonstruktionen
- Präsentation eigener Arbeitsergebnisse mit Hilfe einer Mind Map

Kompetenzen: Die Schülerinnen und Schüler können...
- die Darstellung von Geschichte in Rekonstruktionen als Deutung erkennen,
- in elementarer Weise zwischen Belegbarem und Vermutetem unterscheiden,
- in Ansätzen einen eigenen Standpunkt formulieren,
- Medienprodukte erstellen und im unterrichtlichen Zusammenhang präsentieren.

Begriffe: Rekonstruktion, Fund, Ausgrabung
Methoden:
- Rekonstruktionen untersuchen
- Mindmap erstellen

Hinweise zum Unterrichtsverlauf und Tipps

Kernanliegen dieser Einheit ist es, den Schülerinnen und Schülern am Beispiel der Rekonstruktionen zu verdeutlichen, dass vieles, was als faktisch belegt dargestellt wird, auch interpretatorischen Einflüssen unterliegt. Dies wird im Laufe des Geschichtsunterrichts verstärkt thematisiert werden müssen. Besonders im Bereich der medialen Verarbeitung und Darbietung von historischen Geschehnissen (etwa in Dokudramen, Spielfilmen, Computerspielen oder Comics) wird das Spannungsfeld zwischen Faktizität und Fiktionalität untersucht werden müssen.

Die Schüler machen sich mit der Bedeutung des Rekonstruktionsbegriffes vertraut und ordnen anschließend Fund und Rekonstruktionsbeispiel zu. In einem nächsten Schritt untersuchen sie die Beispiele intensiver. Hierzu erhalten sie kurze Informationstexte und Satzanfänge. Abschließend soll der Gehalt der Rekonstruktionen bewertet werden. Um sich der Fülle der im Schulbuch verwendeten Rekonstruktionen bewusst zu werden, erhalten die Lernenden die Aufgabe, gezielt danach zu suchen.

Um die eigenen Arbeitsergebnisse und Bewertungen ins Plenum zu tragen und diese dort zu diskutieren, können die Schüler eine Mind Map anlegen, um ihren Vortrag vorzubereiten und zu unterstützen. Die Aufgaben lassen sich arbeitsteilig beziehungsweise in Gruppenarbeiten bearbeiten.

Lösungen

Rekonstruktionen beschreiben:
1. D - A - F - C - E - B

Rekonstruktionen untersuchen und bewerten:
Individuelle Schülerlösungen: Die Schüler sollen hier den Begriff der Rekonstruktion sicher anwenden. Durch die Satzanfänge werden sie zu Ergebnissen kommen, die im Klassenverband gegebenenfalls weiter erörtert werden sollten.

Präsentation der Ergebnisse mit Hilfe einer Mind Map: Durch das Beispiel und Vorgaben können Schüler ihre Arbeitsergebnisse strukturieren und im Plenum präsentieren.

Einheit 9: Antikes Griechenland (1)

Planung und Zeitrahmen

Klassenstufe: 5/6

Zeitbedarf: 3 Stunden

Ziele:
- Erarbeitung von Gründen für die wirtschaftliche Stärke Athens
- Beschreiben unterschiedlicher Produktionsweisen
- Benennen wichtiger Handelsgüter
- Erstellen einer Karte zum athenischen Handel

Kompetenzen: Schülerinnen und Schüler können …
- in elementarer Form den Einfluss des Menschen auf Produktionsprozesse und Wirtschaftsräume beschreiben,
- unter Anleitung einfache Karten deuten,
- kriteriengeleitet in Inhalt und Struktur vorgegebene Produkte zu raumbezogenen Sachverhalten herstellen,
- diese Produkte präsentieren und bewerten.

Begriffe: Handel, Import, Export, Produktion, Rohstoffe, Fertigwaren, Handelsgüter, Legende

Methoden:
- Analyse einer Textquelle
- Kartenanalyse
- Entwicklung einer Karte

Hinweise zum Unterrichtsverlauf und Tipps

Die Schülerinnen und Schüler setzen sich in dieser Einheit mit dem Mittelmeerraum als Wirtschafts- und Handelsraum für Athen auseinander. Die Bedeutung des attischen Seebundes wird dabei ausgeklammert.

1. Zunächst erarbeiten die Lernenden, dass neben der geographischen Lage die arbeitsteilige Herstellung von Waren und Gütern dazu geführt hat, dass sich Athen zu einem Handelszentrum entwickelte. Hier kam es zu einer effizienten Produktion einer Vielzahl von Waren. Gleichzeitig waren die Griechen darauf angewiesen, Rohstoffe zu importieren, um die Versorgung der Bevölkerung sicherzustellen.
2. Die Schüler entwickeln in einem Folgeschritt eine Karte, in der Handelsgüter und Handelswege verzeichnet werden sollen. Dabei setzen sie sich kleinschrittig mit den Stufen der Kartenarbeit auseinander und wenden diese an. Die Erarbeitungsprozesse können in allen Sozialformen durchgeführt werden.
3. Die Kontrolle und Präsentation der Ergebnisse erfolgt im Plenum.

Lösungen

1. Im Unterschied zur alleinigen führt die arbeitsteilige Herstellung von Produkten laut Xenophon zu größerem Gewinn. Andererseits könnte diese Form der Produktion auch zu Eintönigkeit und eingeschränkten Fähigkeiten führen.
   Anhand der Karte aktivieren die Schüler ihr Wissen über die Analyse von Karten: Pfeile zeigen die Handelswege, Fertigwaren werden aus Athen exportiert, Rohstoffe und fehlende Lebensmittel dorthin importiert.
2.

Land, Stadt, Gebiet	Rohstoff, Handelsware
Kyrene	Rindsleder, Heilpflanzen
Hellespont	Makrelen, Salzfische
Syracuse	Schweine, Parmesankäse
Ägypten	Tauwerk, Segel, Bücher
Syrien	Weihrauch
Libyen	Elfenbein
Phrygien	Sklaven
Zypern	Datteln, feines Mehl
Karthago	Teppiche, bunte Kissen

Individuelle Schülerlösungen für die anderen Aufgaben. Grundlage für die Bearbeitung ist die Tabelle.

LITERATUR

Praxis Geschichte Heft 4/2012 Schauplätze der Polis
Praxis Geschichte Heft 3/2008 Olympia – die Welt der Griechen
Praxis Geschichte Heft 4/1992 Die Griechen

Einheit 10: Antikes Griechenland (2)

Einheit 11: Klassensprecherwahl

Planung und Zeitrahmen

Klassenstufe: 5/6

Zeitbedarf: 2 Stunden

Ziele:
- Erarbeiten der unterschiedlichen politischen Gruppen in der athenischen Demokratie
- Erkennen der Beziehungen dieser Gruppen untereinander durch Zuordnung zu einem Verfassungsschema
- Verfassen eines Lexikonartikels
- Reflexion der eigenen Mitwirkungsmöglichkeiten im Klassenverband

Kompetenzen: Schülerinnen und Schüler können ...
- aus Texten angeleitet Schlüsselwörter entnehmen und sicher zuordnen,
- die athenische Demokratie beschreiben und ansatzweise bewerten,
- Möglichkeiten schulischer Mitbestimmung beschreiben.

Begriffe: Demokratie, Mitbestimmung, Bürgerecht, Staat

Methoden:
- Analyse eines Verfassungsschemas
- Deutung von diskontinuierlichen Texten

Hinweise zum Unterrichtsverlauf und Tipps

1. Der Schwerpunkt dieser Einheit liegt auf der Darstellung des Funktionsprinzips der athenischen Demokratie in Form eines Verfassungsschemas. Andere Herrschaftsformen finden keine Berücksichtigung. Durch die Bearbeitung der Texte wird den Schülerinnen und Schülern deutlich, dass unterschiedliche Gruppen zu der Staatsform der Demokratie gehören und diese gemeinsam wirken, um die politischen Geschicke zu lenken beziehungsweise Entscheidungen herbeizuführen. Zentral sind dabei unterschiedliche Rollen und Funktionen auch in Form von zeitlich gebundenen Ämtern.
2. Die Schüler ordnen die Ergebnisse in das Verfassungsschema in Partner- oder Gruppenarbeit ein; es ist dafür günstig, dieses Arbeitsblatt auf das Format DIN-A-3 zu vergrößern. Zum Verfassen des eigenen Lexikonartikels können die Lernenden Wortlisten benutzen, um so Fachbegriffe zu wiederholen und Nomen und treffende Verben selbstständig zu verwenden.
3. Um den Begriff der Volksherrschaft zu reflektieren, vergleichen die Lernenden die Anzahl von Personen, die mit beziehungsweise ohne politische Mitspracherechte ausgestattet waren. Es ist dabei klar herauszuarbeiten, wer Mitspracherechte hatte, welchen gesellschaftlichen Status das erforderte und wem diese Rechte verweigert waren.
4. In einem folgenden Schritt wird der Bezug zu eigenen Mitwirkungsmöglichkeiten im Rahmen der Schule hergestellt und von den Schülern reflektiert.

Tipp

Je nach Stärke der Lerngruppe kann das politische System der Bundesrepublik in Form eines Verfassungsmodells dem Verfassungsmodell der Polis Athen gegenübergestellt werden.

Lösungen

1. Individuelle Schülerlösung
2. Politische Mitwirkung und Mitsprache war auf einen bestimmten Personenkreis beschränkt.
3. Individuelle Schülerlösung (Wahl, Vertreter in Funktion des Klassensprecherteams, SV)

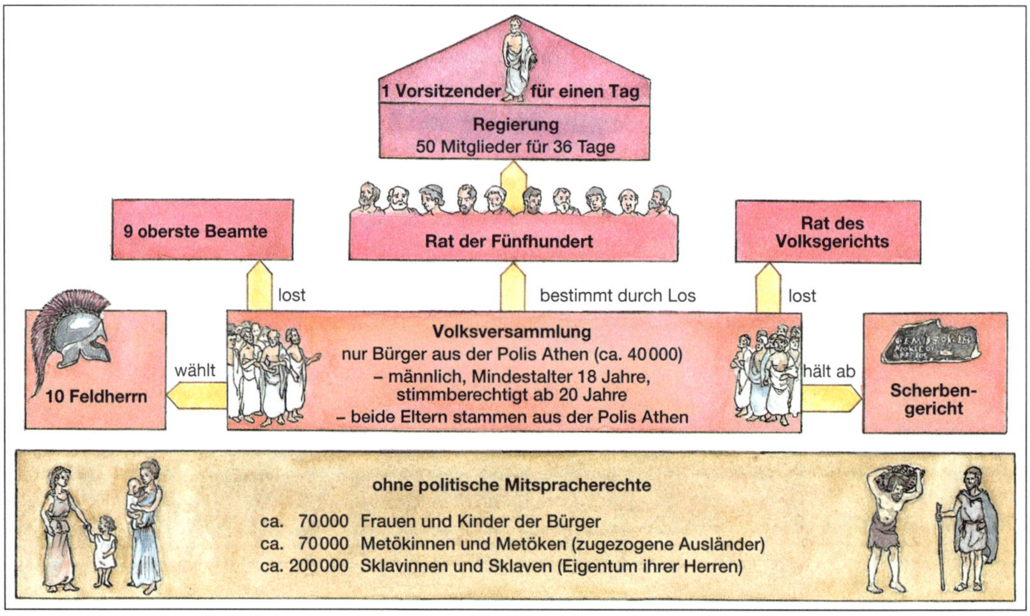

Grafik: Westermann

LITERATUR

Praxis Geschichte Heft 4/2012 Schauplätze der Polis
Praxis Geschichte Heft 3/2008 Olympia – die Welt der Griechen
Praxis Geschichte Heft 4/1992 Die Griechen

Einheit 12: Antikes Griechenland (3)

Planung und Zeitrahmen

Klassenstufe: 5/6
Zeitbedarf: 4 Stunden
Ziele:
- Erarbeitung von Gründen für die Auswanderung von Griechen und die Gründung von Kolonien
- Beschreibung der Lage der Kolonien anhand einer Karte
- Nachempfinden der individuellen Bedeutung von Auswanderung anhand einer Geschichtserzählung

Kompetenzen: Schülerinnen und Schüler können …
- in elementarer Form gesellschaftliche und ökonomische Prozesse in der Geschichte beschreiben,
- unter Anleitung einfache Karten deuten,
- anhand einer Rekonstruktionszeichnung die erarbeiteten Kenntnisse anwenden,
- vorgegebene andere Positionen einnehmen und so die Gründe und Bedeutung von Migration nachvollziehen.

Begriffe: Kolonie, Mutterstadt, Tochterstadt, Auswanderung
Methoden:
- Kartenarbeit
- Umgang mit einer Rekonstruktionszeichnung
- Erfassen einer Geschichtserzählung

Hinweise zum Unterrichtsverlauf

Diese Einheit ist thematisch eingebunden in den Bereich der griechischen Antike. Gleichzeit kann sie eine Brückenfunktion zu der nachfolgenden Einheit „Migration heute" übernehmen. Methodisch wird die Arbeit mit Geschichtskarten vorbereitet und durch die Geschichtserzählung ein Perspektivwechsel angeregt.

Einleitend entnehmen die Schülerinnen und Schüler einem kurzen Informationstext (M 1) Gründe, die zur Auswanderung von Teilen der griechischen Bevölkerung und zur Gründung von Kolonien geführt haben. Die Texterarbeitung erfolgt über Teilsätze, die vervollständigt und dem Text inhaltlich zugeordnet werden sollen.

Ergänzt und unterstützt wird diese Erarbeitungsphase durch eine Rekonstruktionszeichnung (M 2), in der Lage und Struktur der Kolonien dargestellt werden. Bei der Bearbeitung der Aufgaben zur Karte M 3 liegt der Schwerpunkt auf der geographischen Lage der Mutter- und Tochterstädte. Die Schüler beschreiben die Karte in kleinschrittiger Weise und in Zusammenhang mit den Informationen aus Text M 1 und Zeichnung M 2. Die Geschichtserzählung M 4 kann die Schüler anregen, die Bedeutung von Auswanderung für den Einzelnen im Sinne der Handlungskompetenz nachzuempfinden.

Tipps

Die Aufgaben können von den Schülern angepasst in allen Sozialformen erarbeitet werden. Die Aufgabe zur Geschichtserzählung (Arbeitsblatt 5) kann auch als Dialog zwischen Kyrnos und Megakles verfasst werden. Je nach Zusammensetzung der Lerngruppe können die Schülerergebnisse in Kleingruppen oder im Plenum präsentiert werden und als Gesprächs- und Reflexionsanlass genutzt werden.

Lösungen

Arbeitsblatt 2
Arbeitsauftrag 2:
a) Die meisten Griechen lebten am Meer und auf kleinen Inseln.
b) Fruchtbares Land gab es nur wenig in den Tälern.
c) Die Griechen mussten hungern, weil die Bevölkerung anwuchs und die Nahrung nicht ausreichte.
d) Viele Griechen wanderten aus und gründeten Tochterstädte/Kolonien.
e) Kolonien sind Tochterstädte, die von ausgewanderten Griechen neu gegründet wurden.
f) In ihre neue Heimat brachten sie neue Pflanzen mit, errichteten Tempel und lebten ihre Religion. Handwerker brachten neue Techniken und Produktionsweisen mit.

Arbeitsauftrag 3:
Die neuen Siedlungen lagen am Meer oder an Flüssen. So waren sie gut mit Schiffen zu erreichen, und es gab Häfen oder Anlegemöglichkeiten. Die Häuser und Tempel waren durch eine Befestigungsmauer mit Wachtürmen gesichert.

Arbeitsblatt 4
Arbeitsaufträge 1–5:
Der Titel der Karte lautet „Die Griechische Kolonisation von 750–550 v. Chr." Die Karte zeigt das Gebiet des Mittelmeeres. Ich erkenne die Länder Griechenland, Italien, Länder in Nordafrika, Frankreich, Spanien, usf. Die Mutterstädte werden als Quadrat, die Tochterstädte als Kreis dargestellt. Welche Mutter- und Tochterstädte zusammengehören, erkennt man an der Farbe. Die griechischen Auswanderer reisten mit Schiffen über das Mittelmeer oder das Schwarze Meer. Ich vermute, dass die Reise lange dauerte und dass Unwetter oder Überfälle Gefahren sein konnten.

Arbeitsblatt 5:
Individuelle Schülerlösung

LITERATUR

Lange, D.: Warum verlassen Menschen ihre Wohnsitze? Die griechische Kolonisation. In: Praxis Geschichte 5/2002, S. 18–19
Eltner, S.: Spuren der Kolonisation. Die griechische Kolonisation 750–540 v. Chr. In: Praxis Geschichte 4/1992, S. 17–21

Einheit 13: Migration heute

Planung und Zeitrahmen

Klassenstufe: 5
Zeitbedarf: 3 Stunden
Ziele:
- Benennen möglicher Ursachen für Migration heute
- Erarbeiten der Bedeutung von Migration in der eigenen Familiengeschichte

Kompetenzen: Schülerinnen und Schüler können ...
- zwischen Ursache und Wirkung unterscheiden,
- unter Anleitung dazu Kernaussagen aus Texten entnehmen,
- Methoden zur Visualisierung von Zusammenhängen anwenden,
- das Handeln von Personen unter Berücksichtigung von Motiven und Interessen charakterisieren

Begriffe: Migration, Familiengeschichte, Ursachen und Folgen
Methode:
- Visualisierung von Arbeitsergebnissen

Hinweise zum Unterrichtsverlauf

In dem thematischen Komplex der Migrationsgeschichte können soziale, wirtschaftliche, geographische sowie historische Aspekte der Fächer der Gesellschaftslehre miteinander verbunden vermittelt und so ein besonderer Bezug zur Lebenswirklichkeit der Lernenden hergestellt werden.

1. Die Schülerinnen und Schüler erkennen zunächst die unterschiedlichen Ursachen von Wanderungsbewegungen. Zur Visualisierung dazu soll ein Fischgräten- oder Ishikawa-Diagramm ausgefüllt werden. Informationen können aus den Sprechblasen-Texten entnommen und der Zusammenhang von Ursache und Wirkung verdeutlicht werden. Teilsätze dienen den Schülern als Hilfe, um für die Präsentation der Ergebnisse Sicherheit zu gewinnen. Die Erarbeitung der Gründe aus den Texten und die Präsentation der Ergebnisse mit Hilfe des Fischgräten-Diagramms können sehr gut in Partner- oder Gruppenarbeit durchgeführt werden.
2. In einem zweiten Schritt sollen sich die Schüler mit der eigenen Familiengeschichte auseinandersetzen. Die Aufgabenstellungen sollen hier einen individuellen Zugang ermöglichen. Je nach persönlicher Situation der Kinder können also unterschiedliche Personen befragt werden sowie Fotos und Karten Verwendung finden. Satzanfänge und Leitfragen sollen dabei als Hilfestellung genutzt werden können.

Materialhinweise und Tipps

Hilfreich für die Bearbeitung besonders durch wenig schreibgeübte Schüler wäre eine vergrößerte Kopie des Fischgräten-Diagramms im Format DIN-A-3. Dies kann unter Umständen auch für die Darstellung in den Karten gelten.

Lösungen

1. Fischgräten-Diagramm

   Umweltzerstörung
   - Trockenheit
   - Tiere verhungern/finden kein Fressen
   - Menschen hungern

   Arbeitslosigkeit
   - Keine Ausbildungsplätze
   - Kein Geld
   - Keine Perspektive

   persönliche Gründe
   - Liebe/geplante Hochzeit
   - Leben mit der Familie
   - Verwandte hier

   Krieg
   - Angst um das eigene Leben
   - Zerstörung
   - Wunsch nach Sicherheit/geregeltem Leben

2. Individuelle Schülerantworten

LITERATUR

Buntz, H.: Migration in der Geschichte. Ein Arbeitsbuch für den Unterricht. Schwalbach/Ts. 2014
Praxis Geschichte Heft 4/2003 Migration

Einheit 14: Römisches Reich (1)

Einheit 15: Erinnerungskultur

Planung und Zeitrahmen

Klassenstufe: 6

Zeitbedarf: 2 Stunden

Ziele:
- Erfassen des Inhalts einer Textquelle
- Kriteriengeleitete Bearbeitung einer Textquelle
- Deutung einer Textquelle

Kompetenzen: Schülerinnen und Schüler können ...
- fragengeleitet Informationen aus Textquellen entnehmen,
- Textquellen in elementarer Form deuten,
- die Perspektivität in Darstellungen erkennen,
- Denkmäler als geschichtskulturelle Spuren erkennen.

Begriffe: Textquelle, Varusschlacht, Teutoburger Wald, Geschichtsschreiber

Methode:
- Analyse einer Textquelle

Hinweise zum Unterrichtsverlauf und Tipps

1. Anhand der Textquelle von Tacitus sollen die Schülerinnen und Schüler zunächst schrittweise den Inhalt erarbeiten. In dem Text wird das Aufeinandertreffen der Brüder Arminius und Flavus dargestellt, die jeweils auf der Seite des Gegners stehen. Diese Situation ist von den Lernenden erfassbar und nachvollziehbar, auch wenn der Text in Gänze nicht erfasst werden sollte. Deshalb liegt der erste Schwerpunkt darauf, zu benennen, was verstanden wurde. In der Folge wird ein erweitertes Verständnis des Inhalts durch Leitfragen, die Verortung der Begegnung mit Hilfe einer Karte, kriteriengeleitetes Markieren und Satzanfänge angebahnt.
2. Anschließend erfolgt die Einordnung der Textquelle und deren Ursprung. In der Deutung sollen die Schüler auf Grundlage der eigenen Arbeitsergebnisse im Ansatz die Glaubwürdigkeit der Quelle einschätzen und die offensichtliche Perspektivität beziehungsweise historische Unkorrektheiten der Quelle erkennen. Dazu können sie vorgegebene Internetseiten nutzen. Die Aufgabe eignet sich für Arbeitsstunden oder als Hausaufgabe.
3. Um die Wirkung beziehungsweise die geschichtskulturelle Verarbeitung der Varusschlacht aufzugreifen, steht Bildmaterial vom Hermannsdenkmal in Detmold und New Ulm, Minnesota, zur Verfügung (Einheit 15). Dies geht über die curricularen Anforderungen in der Regel weit hinaus, kann im Sinne der Förderung der Orientierungs- und Fragekompetenz jedoch als binnendifferenzierendes Material eingesetzt werden.

Lösungen

Die Textquelle verstehen:
Arbeitsauftrag 2:
An der Weser; Flavus und Arminius; beide Brüder stehen sich feindlich gegenüber, begründen, warum sie für den jeweils anderen kämpfen, es kommt zu einem Streit.

Arbeitsblatt 3
Arbeitsauftrag 1:
Der Weserstrom floss zwischen Römern und Cheruskern. An sein Ufer trat ... Arminius, ... (er) bat ... um die Erlaubnis, mit seinem Bruder zu sprechen. Dieser stand im römischen Heer unter dem Namen Flavus, war ein Muster an Treue und hatte durch eine Verwundung ... ein Auge verloren. ... er wurde von Arminius begrüßt. Dieser ... fragte ... den Bruder, woher diese Entstellung des Gesichts rühre. Als jener über Ort und Gefecht berichtete, wollte er wissen, welche Belohnung er denn dafür erhalten habe. Flavus nannte Solderhöhung, Ehrenkette, Kranz und andere militärische Auszeichnungen – höhnisch lachte Arminius über den armseligen Preis der Sklaverei. Dann begannen sie, ihre entgegengesetzten Standpunkte zu vertreten. Der eine verwies auf die Größe Roms, auf die Macht des Caesars und die schweren Strafen für Besiegte, während bei Unterwerfung Milde zu erwarten sei; auch seine Gattin und sein Sohn würden nicht als Feinde behandelt: der andere erinnerte an die heilige Verpflichtung gegenüber dem Vaterland, an die altererbte Freiheit, die heimischen Götter Germaniens, an die Mutter, die sich seinen Bitten anschließe; er solle doch nicht lieber Überläufer, ja Verräter an Verwandten und Angehörigen, schließlich am eigenen Volke als dessen Heerführer sein wollen! Allmählich steigerten sie sich dann in einen hitzigen Wortwechsel hinein und wollten sich nicht ... abhalten lassen, handgemein zu werden, hätte nicht Stertinius herbeieilend den zornwütigen, nach Waffen und Pferd verlangenden Flavus festgehalten. Auf der anderen Seite konnte man Arminius wahrnehmen, wie er Drohungen ausstieß und eine Schlacht ankündigte; ...

Die Textquelle einordnen:
Bericht; Tacitus war römischer Geschichtsschreiber; er hat sein Wissen aus Berichten
Textquelle deuten:
Beide Seiten werden als kampfeswillig dargestellt.
Die Argumente von Arminius (Mutter, germanische Götter, Verrat am eigenen Volk) und seine Provokationen (höhnisches Lachen) zeigen diesen sehr negativ.
Fehler entdecken:
Arminius arbeitete auch in römischen Diensten. Dies blendet die Quelle aus.

Hermannsdenkmal (Einheit 15):
Anknüpfen an erfolgreiche germanische Schlacht; Demonstrieren machtpolitischer und militärischer Stärke, Verbundenheit mit der Heimat

LITERATUR

Wolters, R.: Die Schlacht im Teutoburger Wald. Arminius, Varus und das römische Germanien. München 2008
Tacitus: Annalen. 5. A. München 2005

Einheit 16: Römisches Reich (2)

Planung und Zeitrahmen

Klassenstufe: 5/6
Zeitbedarf: 4 Stunden
Ziele:
- Fragehaltung zu einer Bildquelle entwickeln
- Strukturierte Deutung der Bildquelle
- Reflexion der Wirkung von Bildern

Kompetenzen: Schülerinnen und Schüler können …
- mit Hilfestellung Bildquellen beschreiben und deuten,
- ansatzweise die Wirkung von Darstellungen erläutern.

Begriffe: Mosaik, Gladiatoren, Gladiatorenkämpfe
Methode:
- einfache Bildbeschreibung

Hinweise zum Unterrichtsverlauf

Inhaltlich sollten die Schülerinnen und Schüler mit der Bedeutung der Gladiatoren und Gladiatorenkämpfe vertraut sein.

1. Die Schüler betrachten zunächst das Mosaik und äußern sich dazu. Mit Hilfe der Satzanfänge können sie Fragen, die sich aus der Betrachtung des Bildes ergeben, formulieren. Diese Phase kann in allen Sozialformen und auch im Plenum durchgeführt werden. Diese Fragen können weiterhin leitend für den Unterricht sein.
2. Anschließend beschreiben die Schüler das Mosaik durch das Zuordnen von vorgegebenen Begriffen und mit Hilfe von weiterem sprachlichem Material. Die Zuordnung der vorgegebenen Begriffe soll den Schülern helfen, die folgenden Schritte der Bildbeschreibung umzusetzen. Mit diesen Hilfen soll den Lernenden eine Struktur angeboten werden, um die Methode der Bildanalyse schrittweise zu erlernen.
3. Um die Wirkung des Mosaiks erfassen zu können, erhalten die Schüler zusätzliche Informationen zu dem Gesamtmosaik und dessen Darstellung. Zum Abschluss der Stunde sollte ein Rückgriff auf die zu Beginn gesammelten Fragen erfolgen, die eventuell noch offen geblieben sind.

Tipp

Das Mosaik der kämpfenden Gladiatoren findet in zahlreichen Schulbüchern Verwendung, ist dabei in der Regel jedoch in sehr kleinem Format und isoliert abgebildet. Um die Größe der Darstellung insgesamt für die Schüler erfahrbar machen zu können, kann der Umfang auf dem Schulhof nachgezeichnet werden.

Lösungen

1. Eindrücke sammeln: Individuelle Eindrücke und Fragestellungen der Schülerinnen und Schüler werden gesammelt.
2. Ein Bild genau beschreiben:
   1: ein Gladiator
   2: ein Schiedsrichter
   3: ein Helm
   4: ein Armschutz
   5: ein Gürtel aus Metall
   6: eine Beinschiene
   7: ein Schild
   8: eine Lanze mit Dreizack
   9: ein Lendenschurz
   10: ein gut trainierter Körper
3. Ein Bild richtig verstehen
   individuelle Schülerlösungen

Foto: ullstein bild – Prisma/Fiedler, Bernd J.

LITERATUR

Glaser, M. u.a.: Die Römische Villa Nennig. Saarbrücken 2012
Praxis Geschichte Heft 5/2010 Römische Kaiserzeit
Praxis Geschichte Heft 1/2005 Römische Provinzen

Einheit 17: Römisches Reich (3)
Einheit 18: Familie heute
Einheit 19: Mein Leben heute

Planung und Zeitrahmen

Klassenstufe: 5/6

Zeitbedarf: 4–5 Stunden

Ziele:
- Erarbeitung der Funktionen der Mitglieder in einer vornehmen römischen Familie
- Erstellen eines eigenen Schaubildes zur Hierarchie innerhalb der römischen Familienstrukturen
- Reflexion der Darstellungsform Schaubild
- Vergleich der eigenen vertrauten Familiensituation mit der antiken römischen Familie
- Entwicklung und Darstellung eigener Lebensvorstellungen

Kompetenzen: Schülerinnen und Schüler können ...
- am Beispiel der römischen Familie Strukturen erkennen und die Handlungsmöglichkeiten einzelner Personen beschreiben,
- ein einfaches Schaubild zur Darstellung von Zusammenhängen unter Anleitung erstellen und ansatzweise bewerten,
- Unterschiede zur eigenen familiären Situation erkennen und benennen,
- eigene Wünsche und Vorstellungen über ihre Zukunft entwickeln und diese angemessen darstellen.

Begriffe: vornehme römische Familie, pater familias, mater familias, Sklaven, Schaubild, Lebensentwurf

Methoden:
- Schaubild erstellen
- diese Methode anhand der eigenen Umsetzung der Darstellung reflektieren

Hinweise zum Unterrichtsverlauf

1. (Einheit 17) Die Schülerinnen und Schüler ordnen die Mitglieder einer römischen Familie aus M 1 nach dem Lesen den entsprechenden Textabschnitten aus M 2 zu. Nachdem sich die Schüler mit den Funktionen der Familienmitglieder und deren Rollen vertraut gemacht haben, schneiden sie die Figuren aus M 3 aus. Ziel ist es, gemäß der leitenden Fragestellung „Wer hatte das Sagen?“ selbstständig ein Schaubild zu erstellen. Dazu können die Schüler den Informationstext sowie weitere Hilfen (Pfeile, Beschriftungsmöglichkeiten) nutzen. Im Anschluss sollen die Lernenden den Arbeitsprozess und ihre Darstellungsweise vor dem Hintergrund reflektieren, dass Informationen unberücksichtigt bleiben können.
2. (Einheit 18/19) In der zweiten Phase setzen sich die Schüler mit ihrer eigenen Situation auseinander, zunächst durch einen Vergleich beider familiärer Strukturen, anschließend durch das Überdenken und Formulieren von Wünschen und Zielen für die eigene Zukunft. Durch den Gegenwartsbezug kann ein vertieftes Verständnis für andere familiäre Gefüge entwickelt werden. An dem Beispiel des Projektes „Lebensentwürfe“ können sie sich orientieren; ihre Ideen können sie als Plakate, Schatzkarte, Buch, etc. darstellen.

Bezüge zu Fächern der Gesellschaftslehre

Die Materialien zum eigenen Lebensumfeld und den individuellen Vorstellungen für die Zukunft führen durch den Bezug zur Entwicklung der eigenen Identität und dem Formulieren persönlicher Wertvorstellungen zu einem Kerngedanken der Fächer der Gesellschaftslehre, besonders zum Fach Sozialwissenschaften.

Lösungen

Arbeitsaufträge 1 und 2: Lösungen grau auf der Kopiervorlage (diese entfallen beim Kopieren mit größerer Helligkeitsstufe).
Arbeitsblatt 4: Reflexion der Ergebnisse und der Bedeutung. Es sollte klar werden, dass ein kritischer Umgang mit Schaubildern notwendig ist. Entsprechend der Leitfragen können die Lernenden individuell benennen, welche Aspekte des Themas keine Berücksichtigung gefunden haben.
Weitere Arbeitsaufträge: Individuelle Schülerlösungen

Tipps

Obwohl die Arbeitsblätter als Einzelarbeit angelegt sind, können sie im ersten Teil als Partnerarbeit umgesetzt werden. Der zweite Teil der Erarbeitung bezieht sich auf die eigenen Lebensumstände und eventuell sehr persönliche Wünsche und Vorstellungen. Hier scheint deshalb die Sozialform der Einzelarbeit angezeigt. Auch auf eine Präsentation der Produkte zu den eigenen Lebensentwürfen sollte – abhängig von der jeweiligen Lerngruppe – verzichtet werden.

LITERATUR

Habermaier, V.: Conubium, coniugium... und noch viel mehr. Ehe im Rom der frühen Kaiserzeit. In: Praxis Geschichte Heft 1/1998 Liebe und Ehe in der Geschichte, S. 10–13

Praxis Geschichte Heft 5/2003 Augustus

Einheit 20: Frühes Mittelalter (1)

Einheit 21: Karls Reich und Europa heute

Planung und Zeitrahmen

Klassenstufe: 6

Zeitbedarf: 3 Stunden

Ziele:
- Erkennen der Gründe für das Bereisen des Frankenreiches
- Entnehmen von Orten aus einer Textquelle
- Erstellen der Reisewege Karls des Großen in den Jahren 775 und 776 in Luftlinie
- Herstellen eines Bezugs zur gegenwärtigen Europakarte

Kompetenzen: Die Schülerinnen und Schüler können...
- einer Textquelle fragengeleitet Informationen entnehmen,
- mit Hilfestellung einfache Karten erstellen,
- Informationen auf eine andere Karte übertragen,
- unter Anleitung im Internet recherchieren.

Begriffe: Reisekönigtum, Karl der Große, Frankenreich, Pfalz

Methoden:
- Arbeit mit Textquellen
- Kartenarbeit

Hinweise zum Unterrichtsverlauf

Der Schwerpunkt dieser Einheit liegt darauf, dass die Schülerinnen und Schüler gezielt Informationen aus den Textquellen mit dem Itinerar Karls des Großen entnehmen und diese auf eine vorbereitete Karte übertragen. So schaffen die Lernenden es, sich räumlich zu orientieren und ein Gefühl für die Reisewege, die durch Karl und sein Gefolge zurückgelegt wurden, zu erhalten. Eine wesentliche inhaltliche Reduktion erfolgt hier im Bereich der Bewertung der Politik Karls zum Ausbau und Erhalt seiner Macht. Auch der Gegenwartsbezug zum Jugendkarlspreis (Einheit 21) greift die Kritik an dem Karlspreis selber nicht auf. Dies müsste im Unterricht geleistet werden.

Die Schüler entnehmen dem Reiseitinerar Karls des Großen unter Anleitung die Orte, an denen sich Karl in den Jahren 775 und 776 aufgehalten hat. Sie übertragen diese Informationen auf eine Karte, die in der Weise vorbereitet ist, dass im Wesentlichen die in den Quellen genannten Orte und Flüsse dort verzeichnet sind.

Bezüge zu den Fächern Erdkunde und Sozialwissenschaften/Politik werden in einem nächsten Schritt hergestellt (Einheit 21). Die Lernenden übertragen die Bereiche des Frankenreiches auf eine aktuelle Europakarte. Die Bedeutung Europas beziehungsweise der europäischen Zusammenarbeit soll auf einfachem Niveau angesprochen werden, indem die Schüler Beispiele aus der eigene Schul- und Lebenswelt suchen.

LITERATUR

Brieske, R: Böser Chlodwig? Gütiger Karl? Herrscherbilder der Frankenzeit – Quellenkritik für Klasse 7. In: Praxis Geschichte Heft 1/2011 Königsherrschaft im Mittelalter, S. 40–43

Wagener, E.: Ein Reisender in Sachen Politik. Das Itinerar Karls des Großen. In: Praxis Geschichte Heft 2 / 1988 Der König besucht eine Pfalz, S. 30–34

Arbeitsblatt 2: „Der Gletschermann" – Texte vergleichen

M | 2 Informationen aus dem Internet

Zahlreiche Sachtexte über den Gletschertoten finden sich im Internet, darunter die folgenden auf der Seite „www.kinderzeitmaschine.de":

„**Wer war Ötzi?** – Ötzi und alles, was man bei ihm fand, wurden genau untersucht. Eine Fundgrube für die Wissenschaftler, denn eine so alte Mumie aus der Steinzeit war noch nie gefunden worden. Man rekonstruierte nicht nur sein Aussehen, sondern auch seine Kleidung, sein Werkzeug und seine Waffen. Ötzi war etwa 1,60 m groß und hatte lange, gewellte Haare. Er trug wohl auch einen Bart.

Kleidung – Ötzi trug eine Jacke aus Ziegenfell und eine Mütze aus Bärenfell. Die «Hose» bestand aus zwei Beinlingen. Diese Stoffröhren wurden an einen Gürtel gebunden, sodass sie nicht herunterrutschen konnten. Eine Grasmatte diente Ötzi wahrscheinlich als Schlafunterlage. Erstaunlich waren die Schuhe, denn man wusste nicht, dass es schon so ausgeklügelte Schuhe gab. Der Innenschuh war aus Bast geflochten, es gab eine Polsterung aus Gras, die Sohle war aus Bärenfell, die Oberseite aus Hirschfell.

Ausrüstung – Gefunden wurden auch ein Kupferbeil - das einzige vollständig erhaltene Beil aus dieser Zeit - und Pfeil und Bogen. Einen Gegenstand konnte man sich zunächst nicht erklären. Er sah aus wie ein dicker Bleistift. Durch Experimente fand man heraus, dass dieser „Retuscheur" der Bearbeitung von Feuersteinklingen diente. In den Lindenholzstift war ein Span eines Hirschgeweihs eingesetzt worden. Eine Kraxe, also eine Art Gestell für den Rücken, diente als Rucksack.

Zwei Behälter aus Birkenrinde führte Ötzi ebenfalls mit sich. Der eine war wohl für Proviant gedacht, in dem anderen trug er Glut bei sich, um nicht immer neu Feuer machen zu müssen. Das war nämlich nicht nur langwierig, sondern bei Regen auch fast unmöglich. Falls die Glut aber einmal ausgehen sollte, hatte er Feuerstein und Zunder ebenfalls dabei."

Quelle: http://www.kinderzeitmaschine.de/vorgeschichte/lucys-wissensbox/kategorie/steinzeit-menschen-von-den-ersten-bauern-bis-zu-den-kelten/frage/wer-war-oetzi.html?ut1=1&ht=1

Arbeitsblatt 3: „Der Gletschermann" – Texte vergleichen

Anleitung

Schritt 1: Informationen aus Texten entnehmen

Aufgaben:

1. Lies die Texte M 1 und M 2.
2. Unterstreiche in beiden Texten Informationen zu:
   a) dem Aussehen (in rot)
   b) der Kleidung (in grün)
   c) den Waffen und Werkzeugen (in blau)
   d) dem Verhalten (in schwarz)
3. Notiere diese Informationen im Venn-Diagramm M3.
   Feld A: Informationen, die nur im Jugendbuch genannt werden
   Feld B: Informationen, die nur im Lexikonartikel genannt werden
   Feld C: Informationen, die in beiden Texten genannt werden

Beispiel für ein Venn-Diagramm

Hinweis: Diese Form des Mengendiagramms wurde von dem Mathematiker John Venn (1834–1923) entwickelt und nach ihm benannt.

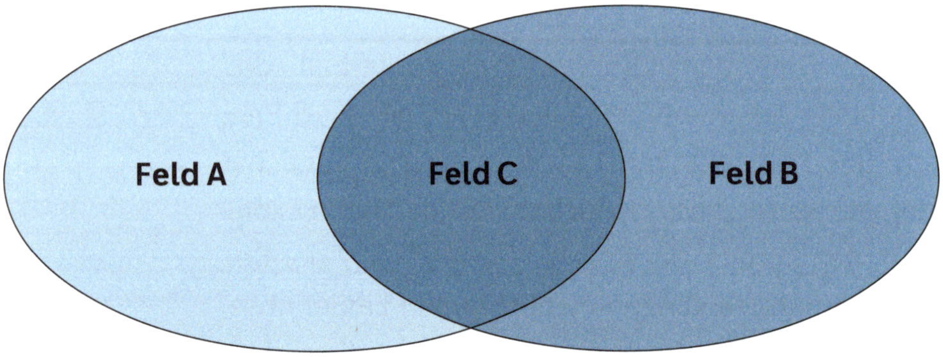

Anleitung

Schritt 2: Informationen aus Texten vergleichen und bewerten

Aufgaben:

1. Nenne Informationen, die sich in beiden Texten finden (Feld C).
2. Erkläre, wie sich die Informationen in Sachtext und Jugendbuch unterscheiden (Feld A und Feld B).
3. Überlege, zu welchem Zweck beide Texte geschrieben wurden.

Arbeitsblatt 4: „Der Gletschermann“ – Texte vergleichen

M | 3 Venn-Diagramm

Ein Venn-Diagramm ist sehr hilfreich, wenn man Informationen vergleichen möchte. Unterschiede und Übereinstimmungen werden in den Feldern anschaulich dargestellt.

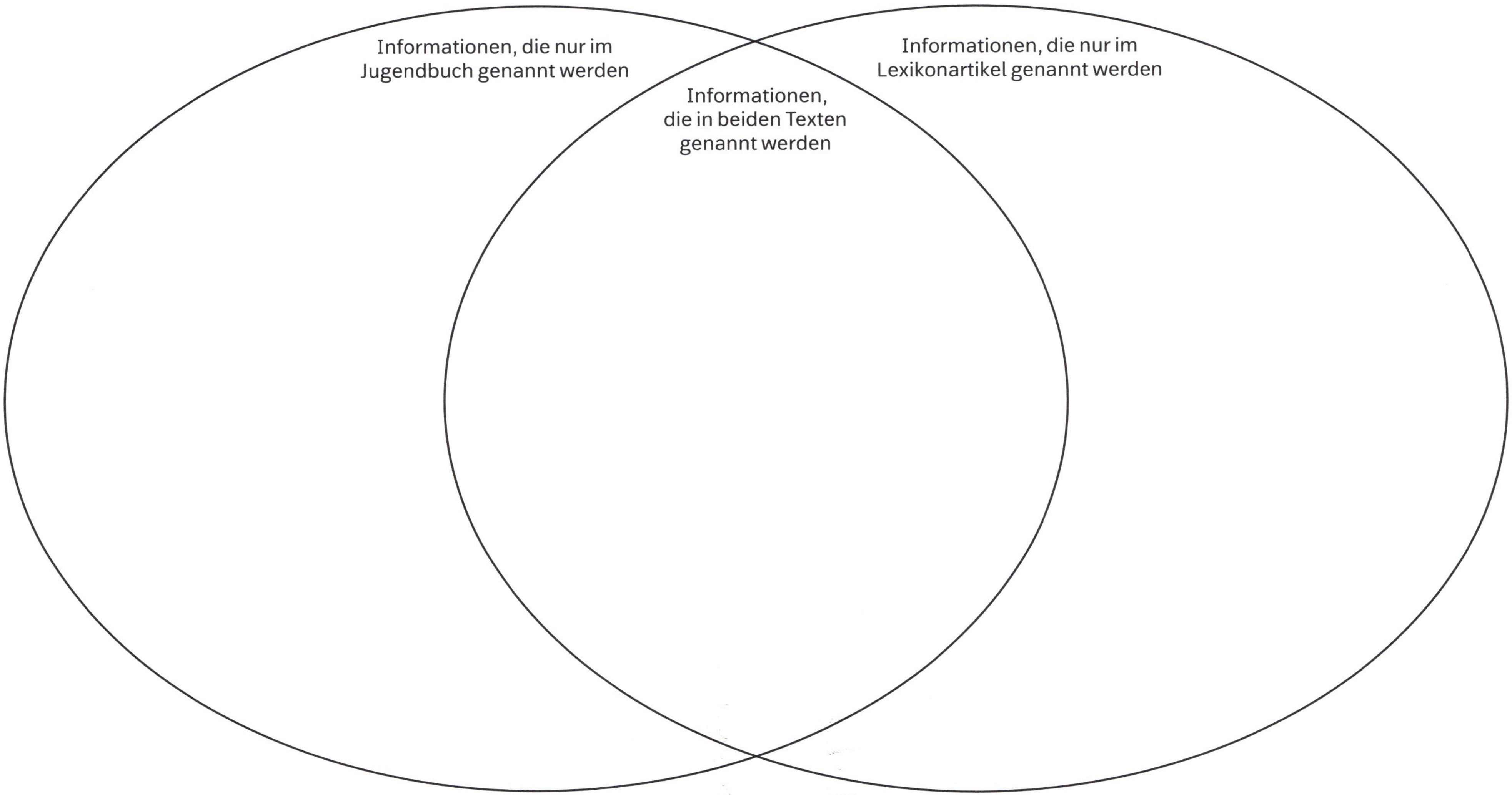

Arbeitsblatt 1: Archäologen bei der Arbeit – Sachtexte verstehen

M | 1 Informationstext

Der Begriff Archäologie stammt ursprünglich aus dem Griechischen und bedeutet so viel wie „Erzählungen aus der alten Geschichte". Archäologen sind Forscher, die erkunden, wie Menschen in früheren Zeiten gelebt haben. Sie suchen nach Spuren und Überresten unserer Vorfahren. Dazu führen Archäologen systematisch Grabungen durch. Die Grabungsstelle wird vermessen. Alles, was gefunden wird, listen die Archäologen auf, beschriften und fotografieren es. Bei ihren Grabungen finden Archäologen alle möglichen Überreste: Scherben, Knochen, Münzen oder auch die Grundmauern ganzer Gebäude.

Sachinformation von Heike Schuster

Anleitung

Aufgaben:

1. Lies den Informationstext M 1.
2. Erkläre folgende Begriffe:

Ein **Archäologe** ist ein ______________________________

Die **Archäologie** beschäftigt sich damit, wie ______________________________

____

____

Bei **archäologische Grabungen** finden Archäologen ______________________________

____

____

3. Notiere,
   a) was du schon zum Thema Archäologie weißt.
   b) was dich an dem Thema noch interessiert.

Arbeitsblatt 2: Archäologen bei der Arbeit – Sachtexte verstehen

M | 2 Zeitungsartikel

In einem Zeitungsartikel wird beschrieben, wie Kinder unter Anleitung des Chefarchäologen Rudolf Walter im Federseemuseum in Bad Buchau an einer vorbereiteten Stelle nach Scherben, Knochen und Blütenstaub graben.

„Einer echten Ausgrabung nachempfunden lernen die Kinder etwas über die Arbeitsweise von Archäologen. Sie erfahren auch, was nach einer Ausgrabung noch passieren muss, damit ein schlüssiges Bild der Steinzeit entworfen werden kann. (...)

Jedes Kind erhält zunächst einen ‚Anstellungsvertrag‘ als Archäologe. Dazu gibt es ein Grabungstagebuch, Werkzeug und Grabungsgerät: Pinsel und eine aufgeschnittene Plastikflasche, die als Schaufel dient. Im Grabungszelt geht es dann ans Buddeln: Die jungen Forscher entnehmen Bodenproben, legen archäologische Funde frei und zeichnen diese ins Tagebuch ein. Mit Hilfe von Vergleichssammlungen versuchen sie, die Funde dann zu bestimmen und zu datieren.

So enthalten Tierknochen Informationen über Größe, Art und Alter der Tiere im Federseemoor. Pflanzenreste geben Hinweise auf Ackerbau, Waldnutzung und Sammelwirtschaft der steinzeitlichen Siedler, erklärt ihnen der Archäologe Walter. Anhand von Blütenstaub können die Kinder den Wandel der Vegetation entschlüsseln. Jahresringe im Holz verraten das Alter eines Baumes und so die Bauzeit der Siedlung. Über Alter, Herkunft und Gebrauch alter Gefäße geben Tonscherben und deren Verzierungen Auskunft.

Was sollen Kinder bei den Grabungen lernen?

Welche Werkzeuge werden genutzt?

Wie gehen sie vor?

Welche Informationen geben Knochen, Pflanzenreste, Blütenstaub und Jahresringe?

Arbeitsblatt 3: Archäologen bei der Arbeit – Sachtexte verstehen

Tatsächlich brachten in der Vergangenheit Ausgrabungen in der Moorlandschaft rund ums Federseemuseum wertvolle Funde ans Tageslicht, die über Jahrtausende im feuchten Boden erhalten geblieben sind: Wagenräder, Bekleidung, Einbäume und Fischernetze. Die erste Ausgrabung fand 1875 statt."

Quelle: http://www.ksta.de/reise/bad-buchau-ausgrabungen-fuer-kinder,15938546,13142538.html, KStA vom 02.08.2008

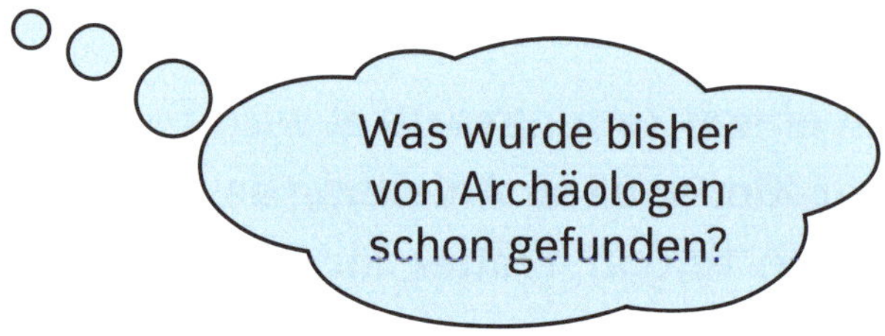

Anleitung

Aufgaben:

1. Lies den Text M 2.
2. Beantworte die Fragen in den Gedankenblasen.
3. Formuliere eigene Fragen, die deine Mitschüler beantworten können. Nutze die W-Fragen:

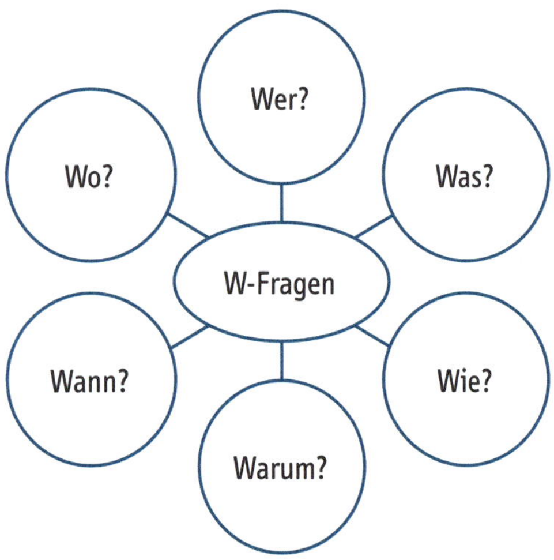

4. Markiere im Text besonders wichtige Begriffe in grün.
5. Notiere, wenn etwas unklar geblieben ist.

Arbeitsblatt 4: Archäologen bei der Arbeit – Sachtexte verstehen

Anleitung

Aufgabe:

1. Formuliere kurze Texte zu den Bildern, in denen du beschreibst, wie die Schülerinnen und Schüler als Archäologen arbeiten.

M | 3 Schülerinnen und Schüler als Archäologen

M 3.1 Foto 1

M 3.2 Foto 2

Fotos: Federsee-Museum, Bad Buchau

Arbeitsblatt 5: Archäologen bei der Arbeit – Sachtexte verstehen

M 3.3 Foto 3

M 3.4 Foto 4

Fotos: Federsee-Museum, Bad Buchau

Anleitung

Aufgaben:

1. Stell dir vor, deine Klasse plant einen Ausflug.
   Begründe genau, warum ihr das Federseemuseum besuchen solltet.
2. Lies nochmal im Text (M 2) und in deinen Arbeitsergebnissen nach und schreibe einen kurzen Text, in dem du erklärst, was man dort alles machen und erfahren kann.

Arbeitsblatt 1: Der Nil als Lebensader – Kartenarbeit

M | 1 Karte. Verlauf des Nils.

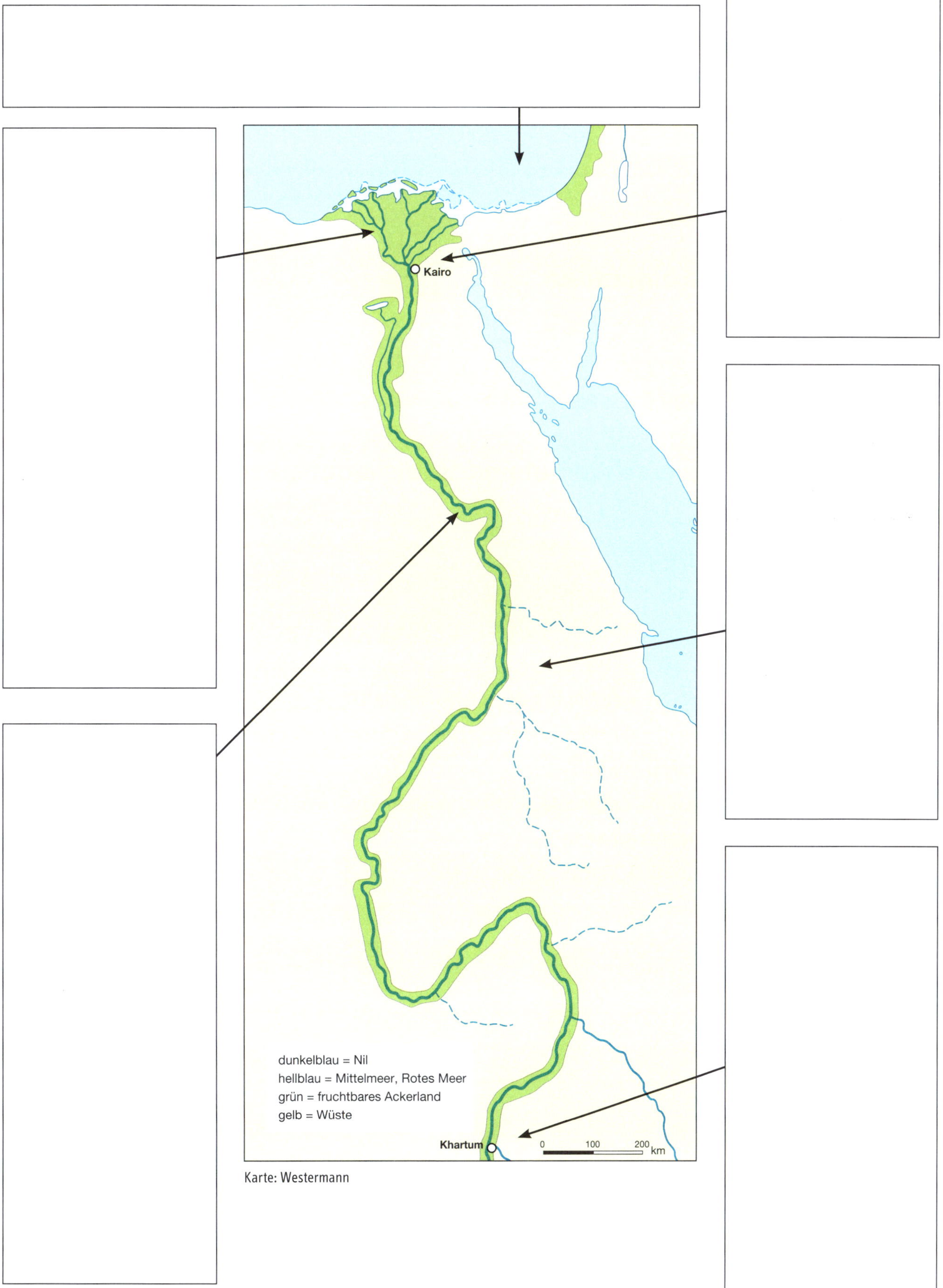

Karte: Westermann

Arbeitsblatt 2: Der Nil als Lebensader – Kartenarbeit

M | 2 Der Nil – Informationstext

Der Nil ist ungefähr 6670 km lang. Er ist somit der längste Fluss Afrikas. Eine seiner Quellen liegt nördlich von Khartum, das ist die heutige Hauptstadt des Sudan. Der Nil fließt durch die Wüste und mündet nördlich von Kairo, der heutigen Hauptstadt Ägyptens, ins Mittelmeer. Er teilt sich in mehrere Flussarme auf. Diesen Bereich nennt man Nildelta.

Sachinformation von Heike Schuster

Anleitung

Schritt 1: Eine Karte einordnen

Aufgabe:

1. a) Lies den kurzen Informationstext (M 2) zum Nil durch.
   b) Nutze die Legende der Karte M 1.

Schritt 2: Eine Karte erschließen und Informationen zuordnen

Aufgabe:

2. a) Ordne folgende Sätze zu:
   - Eine der Quellen des Nils liegt bei Khartum.
   - Am Ufer des Nils befindet sich fruchtbares Ackerland.
   - Der Nil mündet ins Mittelmeer.
   - Den Mündungsbereich des Nils nennt man Nildelta, weil sich der Fluss in mehrere Arme aufteilt.
   - Der Nil verläuft durch die Wüste.
   - Kairo, die heutige Hauptstadt Ägyptens, liegt am Nil, bevor dieser sich in mehrere Mündungsarme teilt.

   b) Schreibe die Sätze in die Kästen neben M 1.

Arbeitsblatt 3: Der Nil als Lebensader – ein Schaubild bearbeiten

M | 3 Informationstexte

Für die alten Ägypter hatte der Nil eine besondere Bedeutung. Der Fluss hatte großen Einfluss auf ihr Leben, deshalb achteten sie ihn sehr. Die Ägypter verehrten den Nil als Gott Hapi. Sie brachten ihm sogar Opfergaben dar.

M 3.1 Landwirtschaft in der Wüste

Wie war es für die Ägypter überhaupt möglich, Landwirtschaft in der Wüste zu betreiben, mit der die gesamte Bevölkerung des Landes versorgt werden konnte? Der Nil führte einmal im Jahr Hochwasser. Dabei wurden die flachen Ufer entlang des Flusses überflutet. Wenn das Wasser wieder zurückging, blieb schwarzer Schlamm zurück, der ein sehr guter Dünger war. Die Bauern konnten die Felder bearbeiten. Sie säten Getreide aus oder bauten Gemüse an. Im Laufe der Zeit legten die ägyptischen Bauern Wasserbecken an, damit sie ihre Felder das ganze Jahr über bewässern konnten.

M 3.2 Fischfang

Ägyptische Fischer leisteten durch ihre Arbeit einen wichtigen Beitrag, um die Bevölkerung mit Nahrungsmitteln zu versorgen. Fisch war ein Grundnahrungsmittel im alten Ägypten. Sie fischten mit Netzen und Harpunen oder angelten Fische. Sie nutzten aber auch Boote für den Fischfang.

M 3.3 Transportweg

Auf dem Nil gab es bereits vor 4800 Jahren die Nilschifffahrt. Auf bis zu 50 Meter langen Schiffen wurden Waren und Nahrungsmittel transportiert. Auch der Bau der Pyramiden oder der Tempelanlagen wäre ohne den Nil als Transportweg kaum denkbar gewesen. Schwere Steinblöcke, Werkzeuge und Holz wurden mit Schiffen zu den Baustellen gebracht.

Arbeitsblatt 4: Der Nil als Lebensader – ein Schaubild bearbeiten

M 3.4 Verwaltung des Landes

Die Ägypter bauten Messstationen, um den Wasserstand des Nils zu kontrollieren. Diese Nilometer gab es an verschiedenen Stellen den gesamten Nil entlang. Die Informationen über den Wasserstand waren für die Verwaltung des Landes wichtig, weil sich danach die Steuern berechneten. War der Wasserstand hoch, dann konnte es eine gute Ernte geben und die Steuern waren hoch. Bei Niedrigwasser sanken auch die Steuern. Zudem konnte durch die Messergebnisse auch geplant werden, wie die Felder bewässert werden mussten. Schließlich hing die Existenz des Landes davon ab, dass immer genügend Vorräte an Nahrungsmitteln vorhanden waren. Nach jedem Hochwasser wurden die Felder neu vermessen. So wurde der Besitz jedes Bauern gewahrt, die Steuerlast gerecht verteilt und die Bewässerung ermöglicht.

Sachinformation von Heike Schuster

Anleitung

Aufgaben:

1. Unterstreiche in den Texten M 3.1–M 3.4 die Informationen darüber, warum der Nil eine so große Bedeutung für die Ägypter hatte.
2. a) Ergänze, diese Informationen in Schaubild M 4.
   b) Nutze die Leitfragen, um die Texte zu bearbeiten.
3. Beantworte anschließend die Frage im Mittelpunkt von Schaubild M 4, indem du einen Merksatz formulierst.

Dein Merksatz:

____

____

____

____

Arbeitsblatt 5: Der Nil als Lebensader – ein Schaubild bearbeiten

M | 4 Schaubild

Für die Landwirtschaft war der Nil wichtig, weil

____.

Die ägyptische Bevölkerung konnte

____.

Damit die Felder immer bewässert werden konnten, bauten

____.

Für den Fischfang war der Nil wichtig, weil

____

____

____.

Die Fischer

____

____

____.

Warum hatte der Nil für die Ägypter eine große Bedeutung?

Als Transportweg war der Nil wichtig, weil

____

____

____.

Transportiert wurden

____

____

____.

Für die Verwaltung des Landes waren der Nil und die Nilometer wichtig, weil die Steuern

____.

Die Bewässerung der Felder konnte

____.

Der Besitz des Einzelnen wurde bewahrt, weil

____.

Arbeitsblatt 1: Die Bedeutung des Nils heute

M | 1 Staudamm und Verkehrswege

Schon immer war der Nil die Lebensader Ägyptens. Dennoch hat sich die Nutzung des Flusses in der Landwirtschaft und als Transportweg verändert.

M 1.1 Der Assuan-Staudamm

In den 1960er-Jahren wurde der Assuan-Staudamm erbaut. Das Wasser des Nils wird seitdem aufgestaut und in einem Stausee gesammelt. So sollte das gesamte Jahr über ausreichend Wasser für die Bewässerung der Felder vorhanden sein. Da aber Regenfälle ausblieben, befindet sich immer wenig Wasser im Stausee, so dass immer weniger Wasser verteilt werden kann. Da die natürlichen Überschwemmungen ausbleiben, muss auf den Feldern Kunstdünger ausgebracht werden, der den Boden schädigt.

M 1.2 Transportwege heute

Der niedrige Wasserstand des Nils behindert auch die Schifffahrt auf dem Fluss. Gelegentlich führt der Nil so wenig Wasser, dass Schiffe gar nicht fahren können. Dies ist ein Nachteil, weil Kreuzfahrten auf dem Fluss bei Touristen sehr beliebt sind. Können die Kreuzfahrtschiffe jedoch nicht fahren, fällt auch der Verdienst für Reiseveranstalter und Angestellte weg.

Heute gibt es nur wenige Frachtschiffe, die auf dem Nil Waren und Güter transportieren. Fast der gesamte Güterverkehr muss über die Straßen oder die Eisenbahn transportiert werden, was unter anderem auch zu einer größeren Verschmutzung der Luft führt.

Sachinformation von Heike Schuster

Aufgaben:

1. Beschreibe, wie sich die Landwirtschaft verändert hat.
2. Nenne Veränderungen, die sich für den Nil als Transportweg entwickelt haben.

Der Assuan-Staudamm sollte helfen, ...
Aber die Regenfälle blieben aus, so dass ...
Durch Kunstdünger ...

Die Schifffahrt auf dem Nil ...
Das Niedrigwasser ...
Heute werden die meisten Waren ...

Arbeitsblatt 2: Transportwege im Wandel – Kartenvergleich

M | 2 Karte. Transportwege in Ägypten von 2850 bis 332 v. Chr.

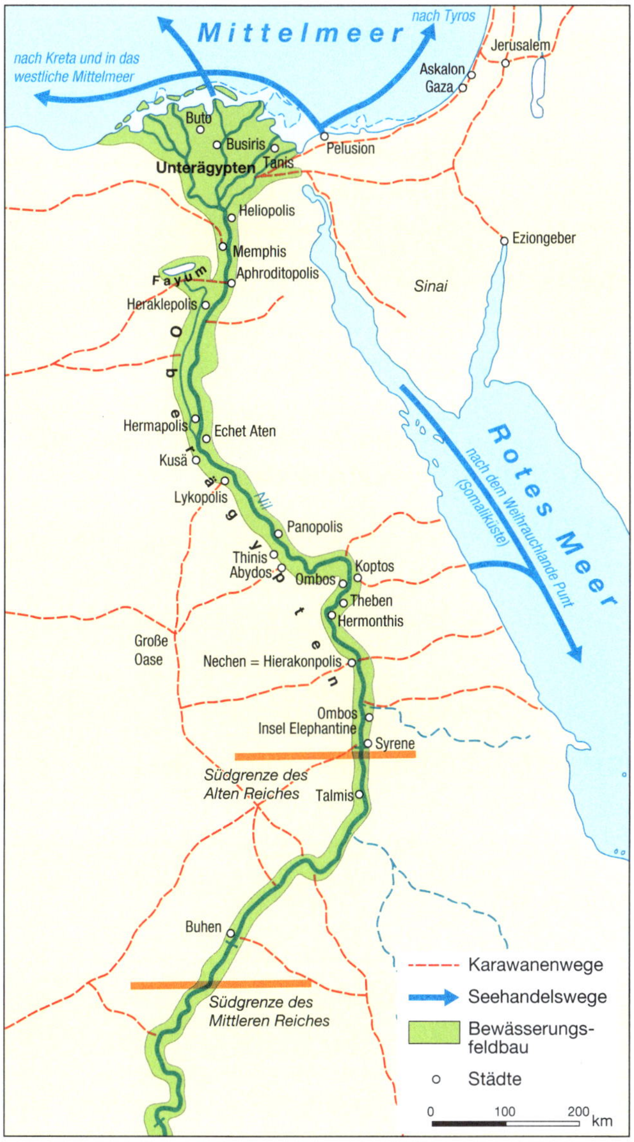

Karte: Westermann

M | 3 Karte. Transportwege im heutigen Ägypten

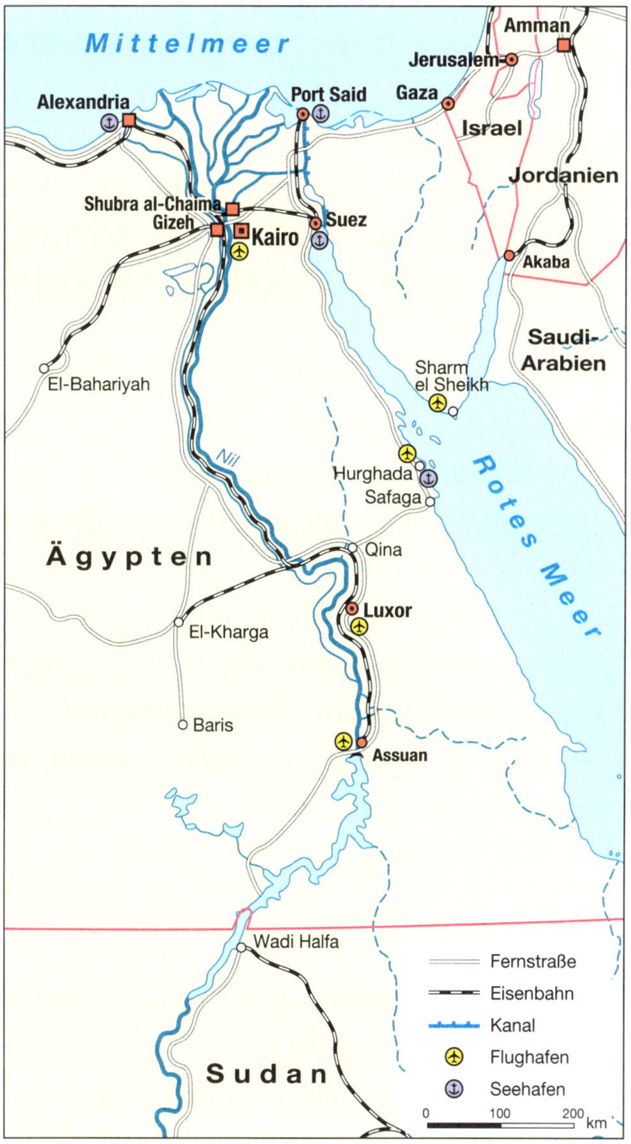

Karte: Westermann

Arbeitsblatt 3: Transportwege im Wandel – Kartenvergleich

Anleitung: Karten vergleichen

A. Die Kartenausschnitte einordnen:
Nenne, welches Gebiet die Karte zeigt.
Nenne den Zeitraum, den die Karte abdeckt.

> Der Kartenausschnitt zeigt ...
> Dargestellt wird der Zeitraum ...

B. Die Inhalte der Karten erfassen:
Beschreibe, was in der Karte dargestellt wird.
Tipp: Überprüfe, wie der Titel der Karte lautet.
Erkläre, was die Zeichen und Farben in der Karte bedeuten.

> Die Karte zeigt ...
> Der Titel der Karte lautet ...
> Die Farbe ... bedeutet ...

C. Die Inhalte vergleichen
Nenne Gemeinsamkeiten und Unterschiede der Karten.
Überprüfe, ob es Besonderheiten oder Auffälligkeiten gibt.

> Wenn man die Karten vergleicht, ist auffällig, dass ...

D. Die Karten auswerten
Fasse deine Ergebnisse zusammen.
Formuliere einen Satz, in dem du die Veränderungen zusammenfasst.

> Beide Karten zeigen ...
> In Karte M 2 ...
> In Karte M 3 ...
> Besonders fällt auf, dass ...

Aufgaben:

1. a) Vergleiche beide Karten, indem du die Schritte 1 bis 4 bearbeitest.
   b) Ergänze dafür die Tabelle M 4.
2. Nutze die Satzanfänge in den Kästen.

Arbeitsblatt 4: Transportwege im Wandel – Kartenvergleich

M | 4 Tabelle. Vergleich der Karten M 2 und M 3

	Karte M 2	Karte M 3
Kartenausschnitte einordnen		
Inhalt der Karte erfassen		
Inhalt vergleichen		
Karte auswerten		

Zusammenfassung:

___

___

___

Arbeitsblatt 1: Die ägyptische Gesellschaft – Schaubilder vergleichen

M | 1 Informationstexte: Die ägyptische Gesellschaft

Unter dem Begriff „Gesellschaft" versteht man die Form, in der Menschen zusammenleben. Sie halten sich dabei an festgelegte Regeln. Die Stellung, die eine einzelne Person oder eine Gruppe innerhalb dieser Ordnung hat, kann durch die Regeln festgelegt werden. Diese Ordnung ist meistens dadurch gekennzeichnet, dass es Personen oder Gruppen gibt, die oben oder unten stehen. So ergibt sich eine Rangordnung, eine Hierarchie. An welcher Stelle Menschen innerhalb der Rangordnung stehen, kann von ihrem Reichtum, ihrem Ansehen, ihrer Bildung, ihren Rechten oder ihrem Geschlecht abhängen.

M 1.1 Der Pharao

Der Pharao war der Herrscher über Ägypten. Die Ägypter verehrten ihn als König und Gott. Seine Macht war unbegrenzt. Er war oberster Priester, Richter und Heerführer und konnte Befehle aussprechen. Die Ägypter glaubten, dass er für das Wohl des Landes verantwortlich war und sie beschützte. Auch die Versorgung der Bevölkerung mit Nahrungsmitteln lag in seiner Verantwortung. Diese Aufgaben konnte der Pharao nicht alleine erfüllen. Er beauftragte Beamte damit, seine Befehle umzusetzen.

M 1.2 Die Kaufleute, die Handwerker und die Bauern

Kaufleute und Handwerker arbeiteten häufig im Auftrag des Wesirs und der Beamten. **Kaufleute** handelten zum Beispiel mit Baustoffen für die Pyramiden und Tempelanlagen. Auch **Handwerker** mussten ihren Teil dazu beitragen, dass die Befehle des Pharao umgesetzt werden konnten. Sie stellten auch Produkte wie Backwaren, Keramik oder Stoffe her. Eine besonders große Gruppe in der ägyptischen Gesellschaft waren **die Bauern**, die für die Versorgung des gesamten Landes verantwortlich waren. Sie mussten ihre Dienste leisten und den größten Teil der Ernte abliefern. Dies wurde von Beamten und Schreibern genau überwacht.

Arbeitsblatt 2: Die ägyptische Gesellschaft – Schaubilder vergleichen

M 1.3 Der Wesir, die Beamten und die Schreiber

Innerhalb dieser Gruppe stand **der Wesir** als Stellvertreter des Pharao an der Spitze. Er war der oberste Beamte. Er gab die Befehle an andere **Beamte** weiter. Diese trieben die Steuern und Abgaben ein, leiteten Baustellen oder verteilten Nahrungsmittel. **Die Schreiber** hatten die wichtige Aufgabe, die Befehle des Pharao aufzuschreiben, die Vorräte in den königlichen Kornkammern oder die Anzahl des Viehs zu notieren. Um Beamter werden zu können, musste man lesen und schreiben können. Wesir, Beamte und Schreiber mussten dem Pharao dienen und ihm berichten und ihn beraten.

M 1.4 Die Priester

Die Priester gehörten zu den einflussreichsten Personen in Ägypten. Das Amt des Priesters wurde vererbt. Priester kannten alle heiligen Handlungen und Gebete. Sie überwachten, dass die Götter richtig verehrt wurden und dass der Pharao nach seinem Tod auf das Totenreich vorbereitet war. Die Priester unterstanden nicht den Befehlen des Wesirs.

Sachinformationen von Heike Schuster

Anleitung

Aufgaben:

1. Lies die Texte aufmerksam durch.
2. Unterstreiche, welche Aufgaben die Gruppen innerhalb der ägyptischen Gesellschaft hatten:
   a) unterstreiche in BLAU, wer Befehle geben konnte.
   b) unterstreiche in SCHWARZ, wer Befehle ausführen musste.
   c) unterstreiche in ROT, wer Dienste und Pflichten ausführen musste.
   d) unterstreiche in GRÜN, wer berichten und beraten konnte.

Arbeitsblatt 3: Die ägyptische Gesellschaft – Schaubilder vergleichen

Schaubilder bieten die Möglichkeit, ein schwieriges Thema oder Abläufe darzustellen. Dabei ist es wichtig, zu überprüfen, welche Informationen verwendet und welche nicht dargestellt wurden.

Anleitung: Ein Schaubild auswerten

A. Thema des Schaubildes nennen
- Kläre, was im Schaubild dargestellt wird.
- Prüfe, ob ein Ablauf oder ein Zustand dargestellt wird.

B. Form des Schaubildes beschreiben
- Beschreibe Form und Aufbau des Schaubildes.
- Stelle fest, ob Zusammenhänge (z. B. durch Pfeile, Zeichen, Wörter oder Bilder) dargestellt werden.
- Berücksichtige eventuell Farben und Größen in der Darstellung.

C. Aussage des Schaubildes feststellen
- Entnimm dem Schaubild alle wichtigen Informationen.
- Verfasse einen eigenen Text.

D. Schaubild auswerten
- Bewerte, ob die Darstellung verständlich ist.
- Überprüfe, welche Informationen nicht dargestellt wurden.

Arbeitsblatt 4: Die ägyptische Gesellschaft – Schaubilder vergleichen

M | 2 Schaubild. Aufbau der ägyptischen Gesellschaft (1)

A.
Das Schaubild zeigt ...
Dargestellt wird der ...

B.
Das Schaubild hat die Form ...
Man erkennt ...
Pfeile und Zeichen ...
Bilder ...
Der Pharao ist sehr ...

Quelle: Westermann

C.
Das Schaubild beschreibt den Aufbau der ägyptischen ...
An der Spitze steht ...
Er ist sehr ... dargestellt.
Darunter ...
Bilder sind ...
Pfeile und ...

D.
Die Darstellung ist ...
Auffällig ist, dass ...
Vorhanden sind ...
Es fehlen ...
Ergänzt werden müsste ..., weil ...

Arbeitsblatt 5: Die ägyptische Gesellschaft – Schaubilder vergleichen

M | 3 Schaubild. Aufbau der ägyptischen Gesellschaft (2)

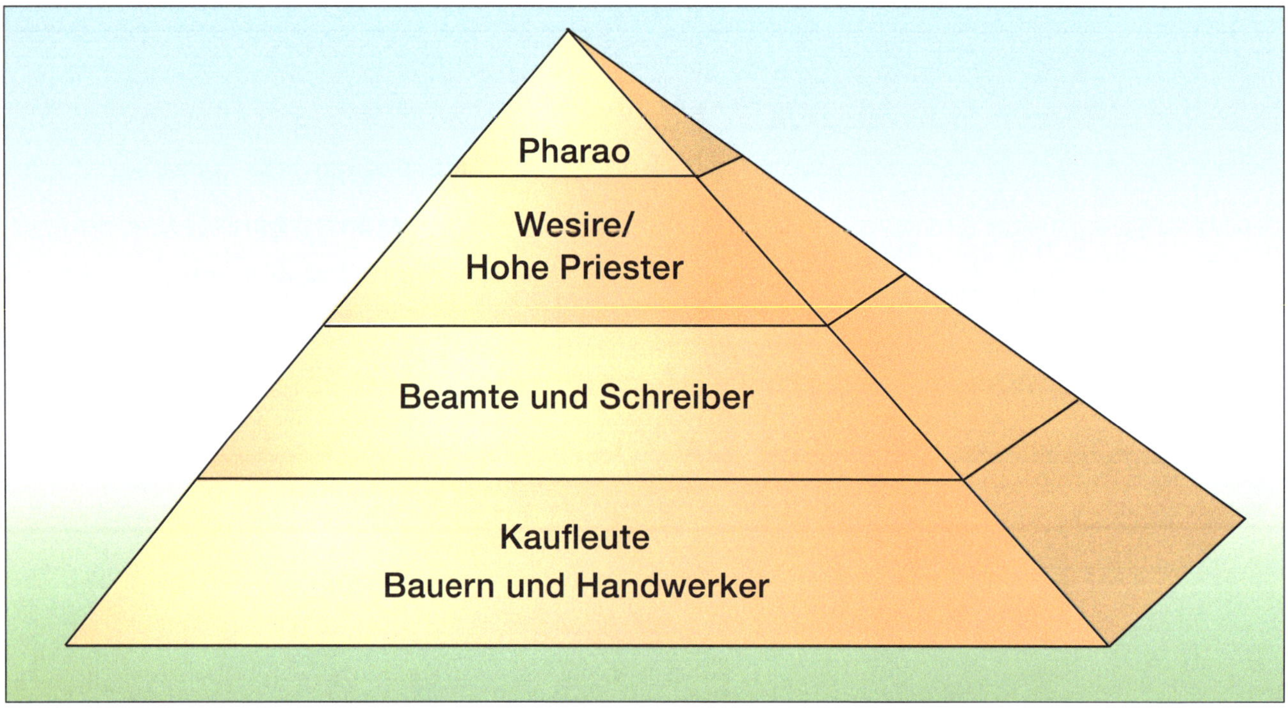

Quelle: Westermann

Raum für Notizen:

Arbeitsblatt 6: Die ägyptische Gesellschaft – Schaubilder vergleichen

M | 4 Schaubild. Aufbau der ägyptischen Gesellschaft (3)

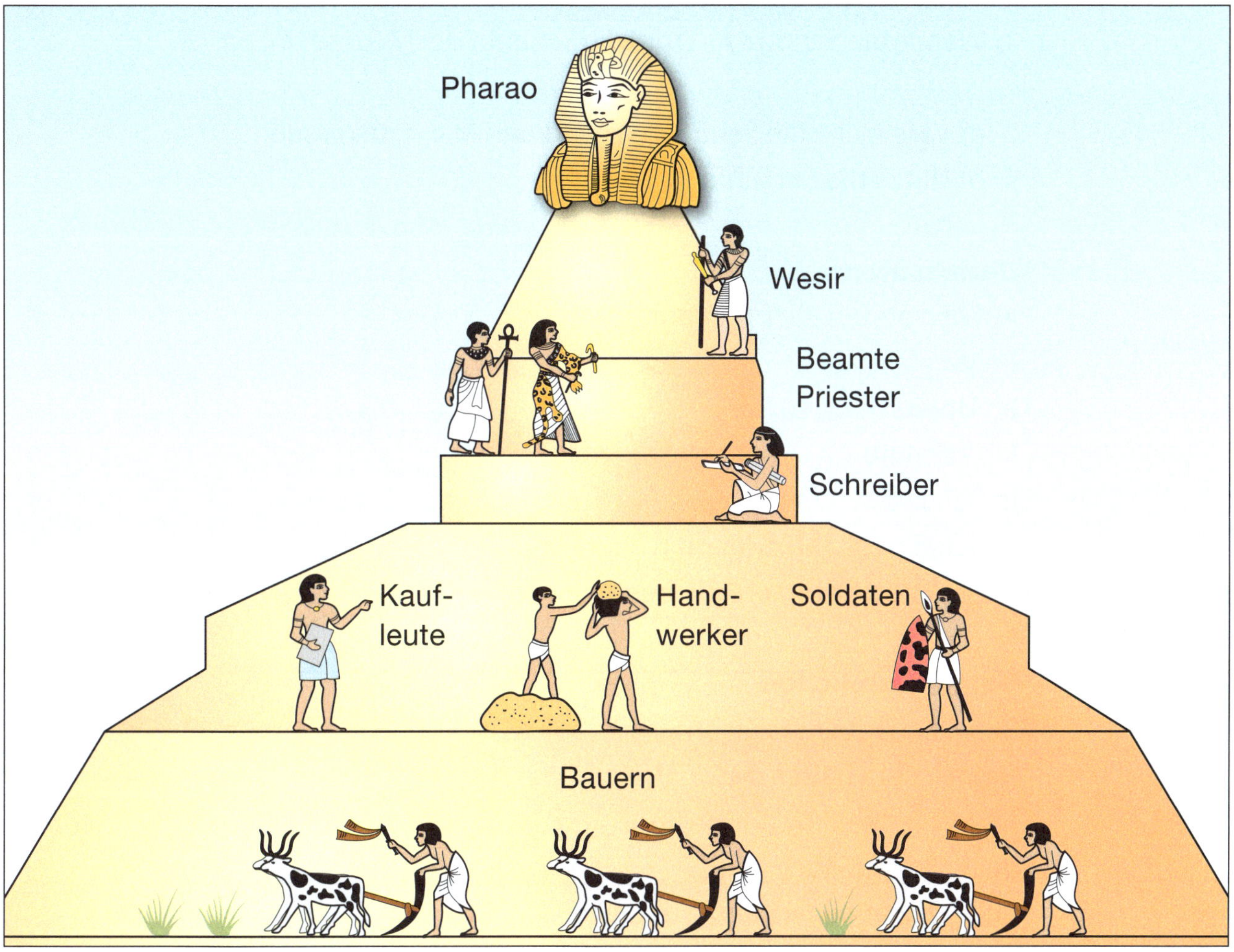

Quelle: Westermann

Raum für Notizen:

Arbeitsblatt 7: Die ägyptische Gesellschaft – Schaubilder vergleichen

Aufgaben:

1. Wende die Schritte A–D auf die Schaubilder M 3 und M 4 an.

2. a) Vergleiche die Schaubilder M 3 und M 4 miteinander.
   b) Nutze die Satzanfänge.

Unterschiede
Auf den ersten Blick fällt auf, dass ...
Im Vergleich zu ...
Im Unterschied zu ...
Ich vermute, ...
In Schaubild ... fehlt ...
In Schaubild ... erkennt man deutlich, ...
Die größten Unterschiede bestehen bei ...

Gemeinsamkeiten
Beide Schaubilder zeigen ...
Gemeinsam haben sie ...
Ich vermute, ...
Beide Schaubilder sind ...
Beide Schaubilder zeigen deutlich, ...
Sehr ähnlich ist ...
Vergleichbar sind ...

3. a) Verwende deine Ergebnisse zu M 1.
   b) Ergänze Pfeile, Wörter oder Zeichen, um die fehlenden Informationen zu ergänzen.

4. Erläutere, welche Informationen mit deinen Ergänzungen gegeben werden können.

Arbeitsblatt 1: Das Tal der Könige/Tutanch-Amun

M | 1 Informationstext

Wie kam das Tal zu seinem Namen?
Warum war es so interessant?

„Mitten in der Wüste – in den Bergen westlich des Nil, einige Kilometer von Theben entfernt – liegt das Tal der Könige. Fast alle Pharaonen (...) wurden dort beigesetzt. Die Pharaonen hatten sich bewusst dafür entschieden, ihre Grabstätten an diesem abgelegenen Ort errichten zu lassen. Das hatte einen guten Grund: Schon damals kam es immer wieder vor, dass Pharaonengräber von Dieben geplündert wurden. Um Plünderer abzuschrecken, wurden am engen Eingang des Tals Wachen aufgestellt. Genützt hat das alles wenig: Immer wieder gelang es Dieben, zu den (...) Gräbern vorzudringen.

Von den mehr als sechzig Pharaonengräbern, die bis heute im Tal der Könige entdeckt wurden, ist das Grabmal des Tutanch-Amun übrigens das einzige, das von Grabräubern verschont blieb. Etwa 500 Jahre, nachdem der erste Pharao im Tal der Könige bestattet worden war, brachen in Ägypten Kriege und Hungersnöte aus. Plötzlich galt das Tal als unsicherer Platz für Pharaonengräber und geriet im Laufe der Jahrtausende in Vergessenheit – bis es die Archäologen im 19. Jahrhundert wieder entdeckten (...).“

Quelle: http://www.kindernetz.de/infonetz/pharaonen/talderkoenige/-/id=22460/nid=22460/did=22552/10cs3wz/ (Zugriff: 10.06.2014)

M | 2 Karte von Ägypten

Karte: Westermann

Aufgaben:

1. Unterstreiche in M 1 alle Angaben rot, die einen Hinweis darauf geben, warum das Tal „Tal der Könige“ genannt wurde.
2. Markiere in M 2, wo sich das Tal der Könige befindet.
3. Erkläre, für wen das Tal interessant war.

Tipp zu 1: Die Ägypter sahen in dem Pharao ihren König und Gott.

Tipp zu 3: Das Tal der König lockte viele ... an, weil sich in den Gräbern ... Im 19. Jahrhundert interessierten sich ...

Arbeitsblatt 2: Das Tal der Könige/Tutanch-Amun

M 3 Bericht des Forschers Howard Carter

Der britische Ägyptologe Howard Carter (1874–1939) beaufsichtigte seit 1902 Ausgrabungen im Tal der Könige in Ägypten. Bei diesen Ausgrabungen stieß er auf das Grab des Pharao Tutanch-Amun. Den Ablauf der Ausgrabungen beschrieb Howard Carter eindrucksvoll in mehreren Berichten:

„Man begrüßte mich mit der Nachricht, dass (...) eine in den Felsen gehauene Stufe gefunden worden war.“ (S. 103)

„Am Nachmittag des 24. [November] lag die ganze Treppe frei, im ganzen sechzehn Stufen, und es war möglich, eine genauere Untersuchung der versiegelten Tür vorzunehmen. Am unteren Ende waren die Siegelabdrücke viel deutlicher, und es gelang uns, ohne Schwierigkeit an mehreren den Namen Tutanch-Amuns festzustellen.“ (S. 107–108)

„Eine versiegelte Tür... Es war also wirklich wahr! (...) Um mich über die Art und Weise, wie der Durchgang abgeschlossen war, zu vergewissern, bohrte ich ein kleines Guckloch unter diesen Querbalken, gerade groß genug zum Einführen einer elektrischen Lampe. Ich entdeckte, dass der Gang hinter der Tür vom Boden bis zur Decke gänzlich mit Steinen und Geröll angefüllt war (...).“ (S. 104–105)

„Dann kamen wir in der Mitte des Nachmittags (...) an eine zweite versiegelte Tür. (...). Mit zitternden Händen machte ich eine kleine Öffnung in der linken oberen Ecke (...), führte eine Kerze hindurch und spähte hinein (...).“ (S. 112)

„Zuerst konnte ich nichts sehen, da die aus der Kammer entweichende heiße Luft das Licht der Kerze zum Flackern brachte. Als meine Augen sich an das Licht gewöhnten, tauchten bald Einzelheiten im Innern der Kammer aus dem Nebel auf, seltsame Tiere, Statuen und Gold – überall glänzendes, schimmerndes Gold!“ (S. 113)

Arbeitsblatt 3: Das Tal der Könige/Tutanch-Amun

„Allmählich wurde das Bild klarer, und wir konnten einzelne Gegenstände unterscheiden. Da standen zuerst, uns gerade gegenüber – (...), drei große vergoldete Bahren, deren Seiten in der Form von Tierungeheuern geschnitzt waren, (...). Dann erweckten und fesselten rechts davon zwei Standbilder unsere Aufmerksamkeit: zwei lebensgroße Statuen eines Königs in Schwarz, die sich wie Schildwachen gegenüberstanden, mit goldenem Schurz, goldenen Sandalen, mit Keulen und Stab und mit der schirmenden heiligen Schlange an der Stirn. Allmählich wurde uns klar: Wir standen erst an der Schwelle unserer Entdeckung! Was wir sahen, war nur eine Vorkammer."
(S. 116–117)

„Indem wir kleine, unwichtige Dinge übergingen, gelangten wir darauf an die (Nord-) Schmalwand der Kammer. Hier befindet sich die versiegelte Tür, die uns auf die Folter spannte; (...)."
(S. 131)

„Zwei Stunden schwerer Arbeit brauchten wir, um die versiegelte Tür (...) niederzureißen. (...) Wir tasteten uns vorsichtig in dem engen Gang zwischen Schrein und Mauer entlang und ließen den Draht unserer Lampe nachlaufen. Es war ohne allen Zweifel die Sargkammer, in der wir standen. Vor uns türmte sich einer der vergoldeten Schreine auf, unter die die Könige gelegt wurden. So ungeheuer war dieses Bauwerk (...), dass es fast die ganze Kammer ausfüllte; nur ein Zwischenraum von ungefähr 65 Zentimeter trennte es an allen vier Seiten von den Wänden, während sein Dach fast bis zur Decke reichte." (S. 209–S. 211)

„Sorgfältig und so leise wie möglich (...) schritten wir weiter zum anderen Ende der Kammer. Dort wartete eine Überraschung [auf uns], denn östlich von der Sargkammer gewährte eine niedrige Tür Einlass zu einer weiteren Kammer, (...). Ein einziger Blick genügte, [um] uns zu zeigen, dass sich hier die größten Schätze des Grabes befanden." (S. 212)

Quelle: Carter, Howard und A.C. Mace: Tut-ench-Amun.
Ein ägyptisches Königsgrab. 4. Auflage, Leipzig 1924, S. 203–212

Arbeitsblatt 4: Das Tal der Könige/Tutanch-Amun

Aufgaben:

1. Lies die Textabschnitte (M 3) aufmerksam durch.
2. Markiere in den Texten die Begriffe:
   eine Treppe – eine versiegelte Tür – eine zweite versiegelte Tür – eine dritte versiegelte Tür – ein Gang – eine Kammer – eine Vorkammer – eine Sargkammer – eine Schatzkammer
3. Ordne den Textabschnitten den passenden Satz zu.
   Notiere die richtige Nummer in den Kreisen (und bringe alles in die richtige Reihenfolge):

◯ Howard Carter findet die Treppe zum Eingang des Grabes.

◯ Howard Carter stößt auf die erste versiegelte Tür, hinter der sich ein Gang befindet.

◯ Hinter der zweiten Tür befindet sich eine Kammer mit Reichtümern und Schätzen.

◯ In der Sargkammer gibt es eine vierte Tür.

◯ In der Vorkammer befindet sich die dritte versiegelte Tür.

◯ Durch die vierte Tür gelangt Carter in die Schatzkammer.

◯ Durch die dritte Tür kommt Carter in die Sargkammer.

◯ Er findet eine zweite versiegelte Tür.

◯ Dies ist die Vorkammer.

Arbeitsblatt 5: Das Tal der Könige/Tutanch-Amun

M | 4 Ausschnitte aus dem Plan des Pharaonengrabes

Die einzelnen Bilder sind Ausschnitte aus einem Plan, der nach dem Bericht von Howard Carter erstellt worden ist. Der Weg des Forschers in das Grab des Pharao kann so nachempfunden werden.

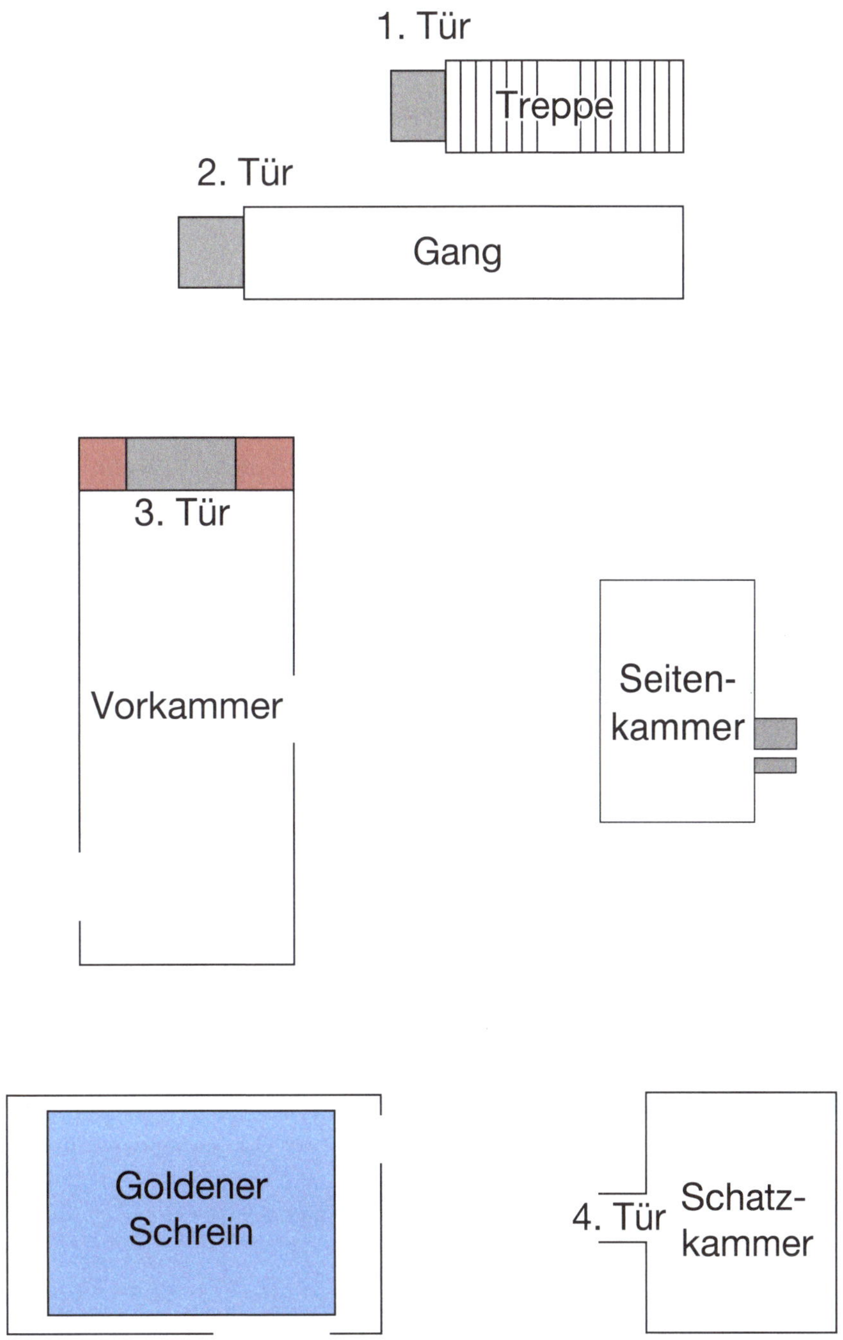

Grafik: Westermann

Arbeitsblatt 6: Das Tal der Könige/Tutanch-Amun

Aufgaben:

1. Schneide die einzelnen Ausschnitte aus.
2. Erstelle mit den Ausschnitten nun einen Plan des Pharaonengrabes.
   Tipp: Nimm den Text zur Hilfe.
3. Kennzeichne mit Hilfe von Pfeilen den Weg, den Howard Carter genommen hat.
4. Notiere neben deinem Plan, was Howard Carter in den Kammern gefunden hat.

Arbeitsblatt 1: Tourismus wird zum Problem

M | 1 Informationstext: Tourismus in Ägypten

Ägypten ist seit langem ein beliebtes Reiseland, das viele Touristen anzieht. Das Land hat im Winter ein mildes Klima. Touristen reisen gerne ans Rote Meer, um Badeurlaub zu machen und zu tauchen. Auch Kreuzfahrten auf dem Nil sind sehr beliebt. Aus der Zeit der Pharaonen gibt es Pyramiden, Grabstätten und Tempel. Diese Sehenswürdigkeiten werden von vielen Touristen besucht.

Der Massentourismus ist für Ägypten sehr bedeutend geworden. Ungefähr 4 Millionen Arbeitsplätze wurden in Ägypten durch den Tourismus geschaffen. Viele ägyptische Familien leben also vom Tourismus.

Dennoch bringt die hohe Zahl von Touristen auch Probleme mit sich: Hotelbauten prägen das Bild am Meer, der Wasserverbrauch steigt stark an, Korallenriffe werden durch viele Taucher zerstört. Pro Tag kommen 10.000 Besucher in das Tal der Könige, um dort die Grabstätten zu besichtigen. Die hohe Luftfeuchtigkeit durch den Atem und die Körperwärme schädigt die Gräber. Zudem berühren viele Besucher die Wandgemälde und Ausstellungsstücke und schädigen sie dadurch. Es wurden Glasplatten angebracht, um sie zu schützen. Teilweise mussten die Gräber auch für Besucher geschlossen werden.

Sachinformationen von Heike Schuster

Aufgaben:

1. Unterstreiche im Text (M 1),
   a) warum Ägypten als Reiseland bei Touristen beliebt ist.
   b) warum der Tourismus für Ägypten bedeutend ist.
   c) welche Folgen der Tourismus für Ägypten hat.
2. Formuliere treffende Aussagen für die Bilder in M 2.
3. Nadine und Alexander überlegen, wohin sie gerne reisen würden. Verfasse aus Sicht der beiden einen Dialog, indem sie abwägen, ob Ägypten das passende Reiseziel sein könnte. Nutze möglichst viele Fakten aus M 1.

Arbeitsblatt 2: Tourismus wird zum Problem

M | 2 Tourismus in Ägypten – Fotografien

Eindrücke aus Ägypten

M 2.1

Foto: Imago/Fabian Matzerath

M 2.2

Foto: picture-alliance/dpa/Bernd Weissbrod

M 2.3

Foto: Imago/Michael Westermann

M 2.4

Foto: Imago/McPHOTO

M 2.5

Foto: Imago/Imagebroker

M 2.6

Foto: Imago/Arnulf Hettrich

M 2.7

Foto: Imago/Imagebroker

M 2.8

Foto: Imago/Heike Schreiber-Braun

Arbeitsblatt 3: Tourismus wird zum Problem

M | 3 So könnte das Gespräch von Nadine und Alexander beginnen

Nadine

Alexander

Nadine: Alexander, was hältst du von Ägypten als Reiseziel?

Alexander: Wie ist denn dort das Klima?

Nadine: Im Winter ist das Klima besonders mild.

Alexander: Sehr gut! Was kam man denn da machen?

Arbeitsblatt 1: Was sind Rekonstruktionen?

M | 1 Informationstext

Was sind Rekonstruktionen?

Das Wort „Rekonstruktion" stammt aus dem Lateinischen und bedeutet „Wiederherstellung" oder „Nachbildung". Ein Gegenstand beispielsweise wird so wiederhergestellt, wie er ursprünglich mit großer Wahrscheinlichkeit ausgesehen hat. Archäologen finden bei ihren Grabungen in der Regel nur Überreste oder Bruchstücke. Diese Funde und andere wissenschaftliche Erkenntnisse sind wichtig, um Sachquellen wiederherzustellen. Sie bilden also die Grundlage für Rekonstruktionen. Im Fach Geschichte finden sich im Geschichtsbuch zahlreiche Rekonstruktionen. Ein Vorteil dieser Nachbildungen ist es, dass man sich besser vorstellen kann, in welcher Situation Menschen gelebt haben oder wie ein Gerät verwendet wurde. Gleichzeitig muss man hinterfragen, inwieweit die Darstellung aus der Fantasie z. B. des Zeichners stammt oder was vielleicht reine Spekulation ist.

Sachinformationen von Heike Schuster

Anleitung

Schritt 1: Rekonstruktionen beschreiben

Aufgaben:

1. Betrachte die Funde und Rekonstruktionen in der Tabelle M 2.
2. Benenne, um welche Art von Rekonstruktion es sich handelt, indem du die folgende Begriffe zuordnest:
   A: Grundriss
   B: Modell
   C: Zeichnung
   D: Ergänzung durch Zeichnung
   E: eigener Nachbau
   F: plastische Rekonstruktion mit Hilfe von Computerprogrammen
3. Schreibe den richtigen Buchstaben in den Kreis neben der Tabelle.

Arbeitsblatt 2: Was sind Rekonstruktionen?

M | 2 Tabelle (1): Beispiele für verschiedene Möglichkeiten der Rekonstruktion

Fund	Rekonstruktion
M 2.1  Foto: Musée Royal de Mariemont	**M 2.2**  Foto: Musée Royal de Mariemont
M 2.3  Foto: G. Juraschek, Koblenz	**M 2.4** 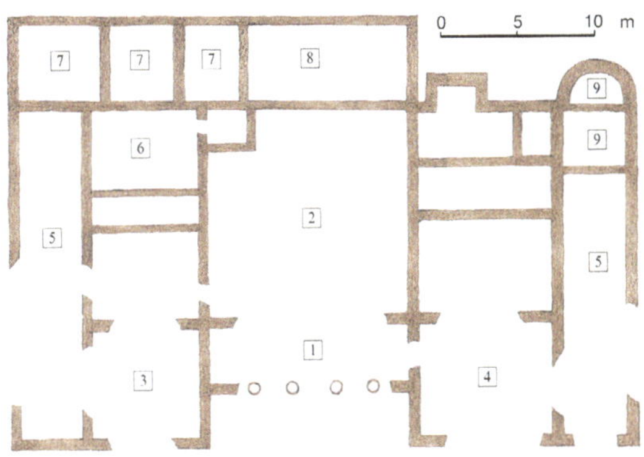 Quelle: Geschichte plus, Volk und Wissen 1998
M 2.5  Foto: akg-images	**M 2.6** 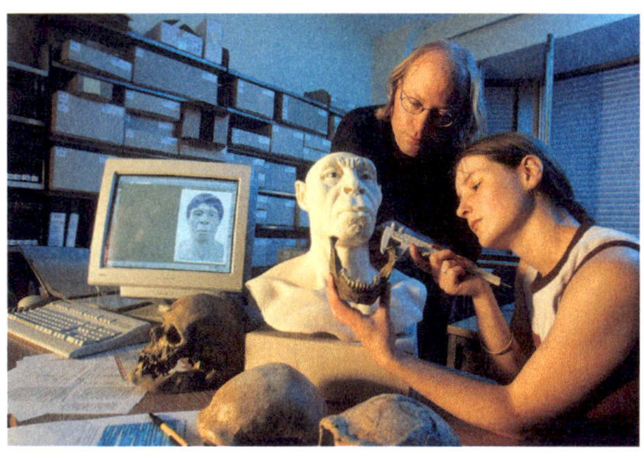 Foto: Bilderberg, Hamburg/Th. Ernsting

Arbeitsblatt 3: Was sind Rekonstruktionen?

M | 2 Tabelle (2): Beispiele für verschiedene Möglichkeiten der Rekonstruktion

Fund	Rekonstruktion
M 2.7  Foto: Photo Archive Jürgen Liepe, Berlin	M 2.8  Foto: C. Clasen, Hamburg
M 2.9  Foto: ullstein bild	M 2.10  Foto: W. Pankratz, Wallenhorst
M 2.11  Foto: Bernisches Historisches Museum	M 2.12  Foto: Wolfram Schmidt Fotografie, Regensburg

Arbeitsblatt 4: Was sind Rekonstruktionen?

M | 3 Informationen zu den Funden und Rekonstruktionen

M 3.1 Der Grundriss
In der Nähe von Koblenz, in der Stadt Mülheim-Kärlich, wurden die Überreste einer römischen Landvilla gefunden. Dieses Gebäude stammte aus dem 2. bis 3. Jahrhundert n. Chr. Aufgrund der Funde kann man sich vorstellen, wie das Gebäude genutzt wurde und wie die Menschen dort gelebt haben. Der Grundriss gibt einen Überblick. Wie groß das Gebäude war, kann man mit Hilfe der Maße im Plan berechnen.

M 3.2 Die Zeichnung
Rekonstruktionszeichnungen findet man in Geschichtsbüchern sehr häufig. Als Vorlage für diese Zeichnung diente eine kleine Statue eines Schreibers aus Ägypten aus der Zeit ungefähr 2500 v. Chr. In der Zeichnung sieht man den Schreiber bei seiner Tätigkeit, dem Schreiben. Zu erkennen sind auch Tinte und Stift. Der Schreiber wirkt zufrieden. Dieser Eindruck könnte der Fantasie des Zeichners entsprungen sein.

M 3.3 Die Ergänzung durch eine Zeichnung
Das Steinbild stammt aus römischer Zeit, ungefähr 300 v. Chr. Man erkennt an den Mützen, dass es sich bei den beiden Personen im Vordergrund um freigelassene Sklaven handelt. Die fehlenden Beine der Sklaven sowie der Kopf der Person im Hintergrund wurden ergänzt. Bei letzterer handelt es sich wahrscheinlich um den ehemaligen Besitzer der Sklaven. Komplett ergänzt wurde ein hoher römischer Beamter, der Prätor. Es ist durch viele andere Quellen belegt, dass der Prätor durch seine Anwesenheit die Freilassung bestätigt.

M 3.4 Die Rekonstruktion mit Hilfe von Computerprogrammen
Funde von Knochen sind relativ häufig. Der Unterkiefer hier ist ca. 600.000 Jahre alt und wurde bei dem Ort Mauer gefunden. Mit Hilfe moderner Verfahren und von Computerprogrammen kann man Alter, Geschlecht oder Herkunft bestimmen. Bei Funden von Schädelknochen kann inzwischen sogar das Aussehen einer Person rekonstruiert werden. Die Kosten für solche Wiederherstellungen sind sehr hoch.

M 3.5 Das Modell
Der Steinbohrer, der mit dem Modell dargestellt wird stammt aus der Jungsteinzeit. Da Holz sehr schnell verwittert, werden häufig nur durchbohrte Steine gefunden. Man findet sie überall, wo Menschen gesiedelt haben.

M 3.6 Der eigene Nachbau
Vor etwa 10.000 Jahren wurden bereits Pfeil und Bogen für die Jagd verwendet. Durch andere Funde oder Höhlenmalereien weiß man, dass diese Form der Jagd weitverbreitet war. Wenn man selber Gegenstände nachbaut, kann man leicht erkennen, wie genau man arbeiten muss und welcher besonderen Materialien es bedarf, damit die Geräte funktionstüchtig sind.

Sachinformationen von Heike Schuster

Arbeitsblatt 5: Rekonstruktionen untersuchen/bewerten

Anleitung

Schritt 2: Rekonstruktionen untersuchen

Aufgaben:

1. Lies die Texte zu den Funden und Rekonstruktionen durch.
   a) Beschreibe, was oder wer mit der Rekonstruktion dargestellt wird.
      - Die Rekonstruktion zeigt ...

   b) Ordne sie zeitlich und räumlich ein.
      - Der Fund stammt aus der ...
      - Gemacht wurde der Fund in ...

   c) Überprüfe, ob zusätzliche Gegenstände oder Personen zu erkennen sind.
      - Zu erkennen ist/sind ...
      - In der Rekonstruktion wurde ... ergänzt.
      - In der Rekonstruktion fehlt ...

   d) Erkläre, wie die Darstellungsweise der Rekonstruktion auf dich wirkt.
      - Nutze folgende Adjektive:
        sachlich, wissenschaftlich, verständlich, glaubhaft, unglaubwürdig, unsachlich, lächerlich, merkwürdig.

Anleitung

Schritt 3: Rekonstruktionen bewerten

Aufgaben:

1. Bewerte die Rekonstruktionen.
   Die Rekonstruktion ist eine gute Ergänzung für das Thema, weil ...
   Die Rekonstruktion beruht auf Fakten, weil ...
   Die Rekonstruktion beruht nur auf Vermutungen, weil ...

Arbeitsblatt 6: Ergebnisse präsentieren

Anleitung

Schritt 4: Ergebnisse mit einer Mind Map präsentieren

Aufgaben:

1. Erstelle eine Mind Map (M 5), um deine Ergebnisse der Klasse zu präsentieren. Gehe folgendermaßen vor:
   a) Das Thema „Rekonstruktionen" oder „Mit Rekonstruktionen arbeiten" steht in der Mitte.
   b) Formuliere Unterpunkte zu deinem Thema, zum Beispiel verschiedene Arten von Rekonstruktionen.
   Notiere diese Unterpunkte auf den Hauptästen.
   c) Ergänze weitere Äste, die wichtige Aspekte der Teilbereiche nennen.
   Es können immer weitere kleinere Äste mit Aspekten hinzugefügt werden.
   d) Gestalte deine Mind Map mit unterschiedlichen Farben, Bildern oder Symbolen.

M | 4 Beispiel für eine Mind Map

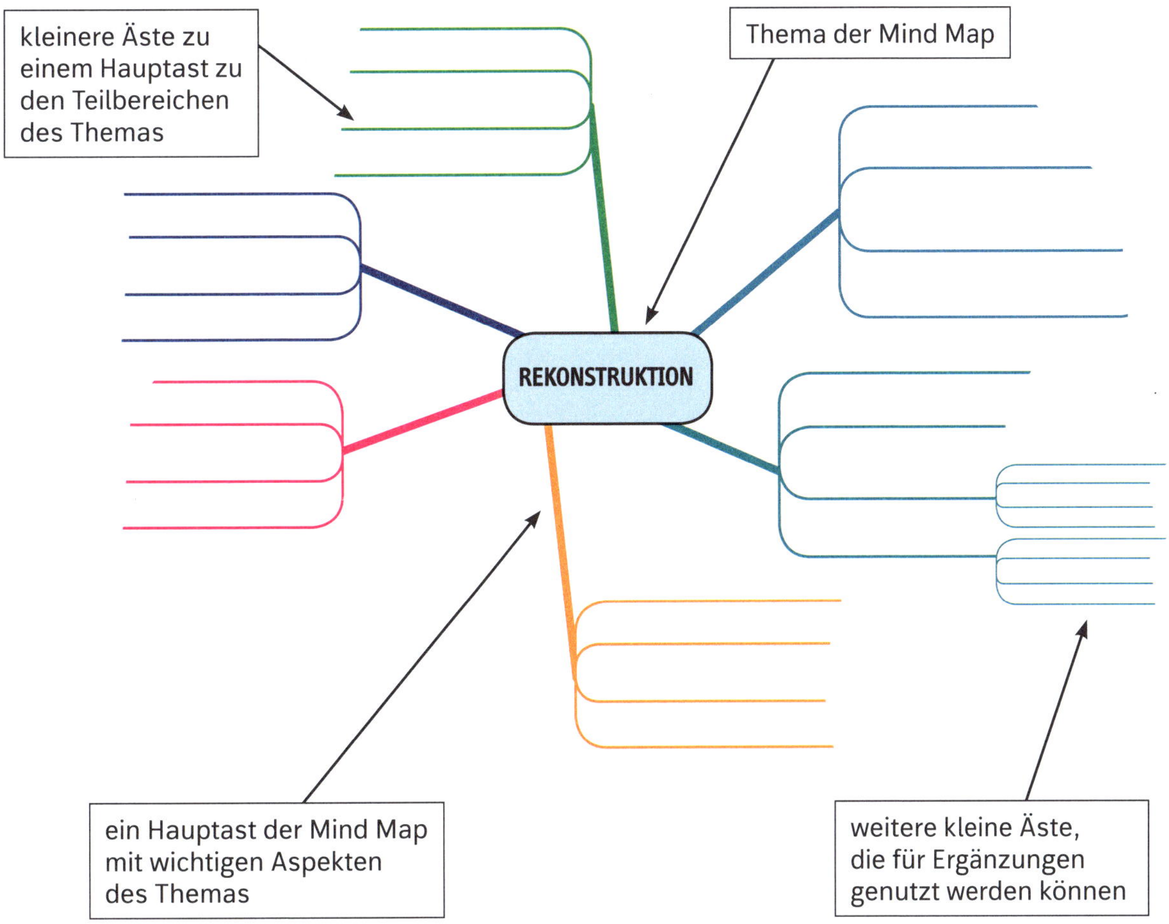

Arbeitsblatt 7: Ergebnisse präsentieren

M | 5 Mind Map

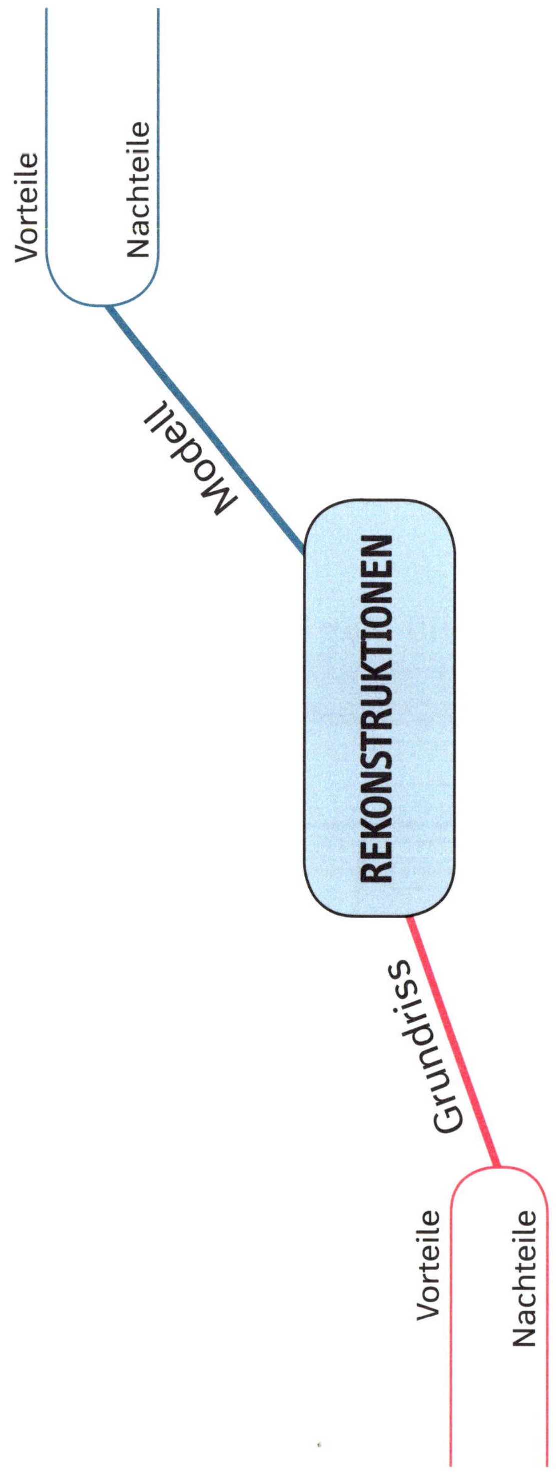

Arbeitsblatt 1: Athen als Zentrum des Handels – eine Textquelle auswerten

M | 1 Textquelle: Xenophon

Viele Griechen lebten von der Landwirtschaft. Doch häufig reichten die Ernten nicht aus, um die Bevölkerung zu versorgen. Der Handel mit anderen Ländern war also notwendig. Besonders Athen entwickelte sich seit etwa 500 v. Chr. zu einem Zentrum des Handels und des Handwerks. Hier wurden zahlreiche Produkte für den Handel hergestellt. Der griechische Geschichtsschreiber Xenophon (um 430 – um 355 v. Chr.) beschreibt Unterschiede im Ablauf der Produktion:

„In kleinen Städten macht derselbe Mann Bett, Tür, Pflug[1], Tisch, und oft baut er auch noch die Häuser und ist froh, wenn er dadurch Kunden genug hat, um seinen Lebensunterhalt verdienen zu können; es ist aber unmöglich, dass jemand, der viele Gewerbe[2] betreibt, alles gut machen kann.

In den großen Städten dagegen genügt infolge des erweiterten Absatzes[3] für jeden Handwerker ein Gewerbe zum Lebensunterhalt, und oftmals nicht einmal ein ganzes, sondern der eine macht Männer-, der andere Damenschuhe, ja mitunter lebt der eine lediglich vom Zuschneiden des Leders, der andere näht es zusammen. Wer sich so ganz auf einen kleinen Teil des Handwerks konzentriert, macht das natürlich am besten."

Quelle: Xenophon, Kyroupaideia 8,2,5, zitiert nach: Weiler, I.: Griechische Geschichte. Einführung. Darmstadt 1976, S. 89

Worterklärungen:
1 der Pflug: ein landwirtschaftliches Gerät zum lockern des Bodens
2 das Gewerbe: Handwerk, Arbeitsbereich
3 der erweiterte Absatz: guter Verkauf einer Ware

Arbeitsblatt 2: Athen als Zentrum des Handels – eine Textquelle auswerten

Aufgaben:

1. Lies die Textquelle M 1 durch.

2. Ergänze die folgenden Teilsätze:

   Ein Handwerker in einer Kleinstadt stellt ____________________

   ____

   Er verdient ____________________

   ____

   In Großstädten stellen mehrere Handwerker ____________________

   ____

   Jeder verdient genug ____________________

   ____

3. Fasse den Unterschied zwischen den Formen der Produktionen in einem Satz zusammen.

   ____

   ____

4. Xenophon ist der Meinung, dass es am besten sei,
   wenn sich jeder auf seinen Arbeitsschritt konzentriert.
   a) Nenne Vorteile, die dieses Vorgehen mit sich bringt.
   b) Überlege, was Nachteile im Unterschied zum Vorgehen
      in kleinen Betrieben sein könnten.

Arbeitsblatt 3: Athen als Zentrum des Handels – eine Karte auswerten

M | 2 Karte. Der Handel Athens

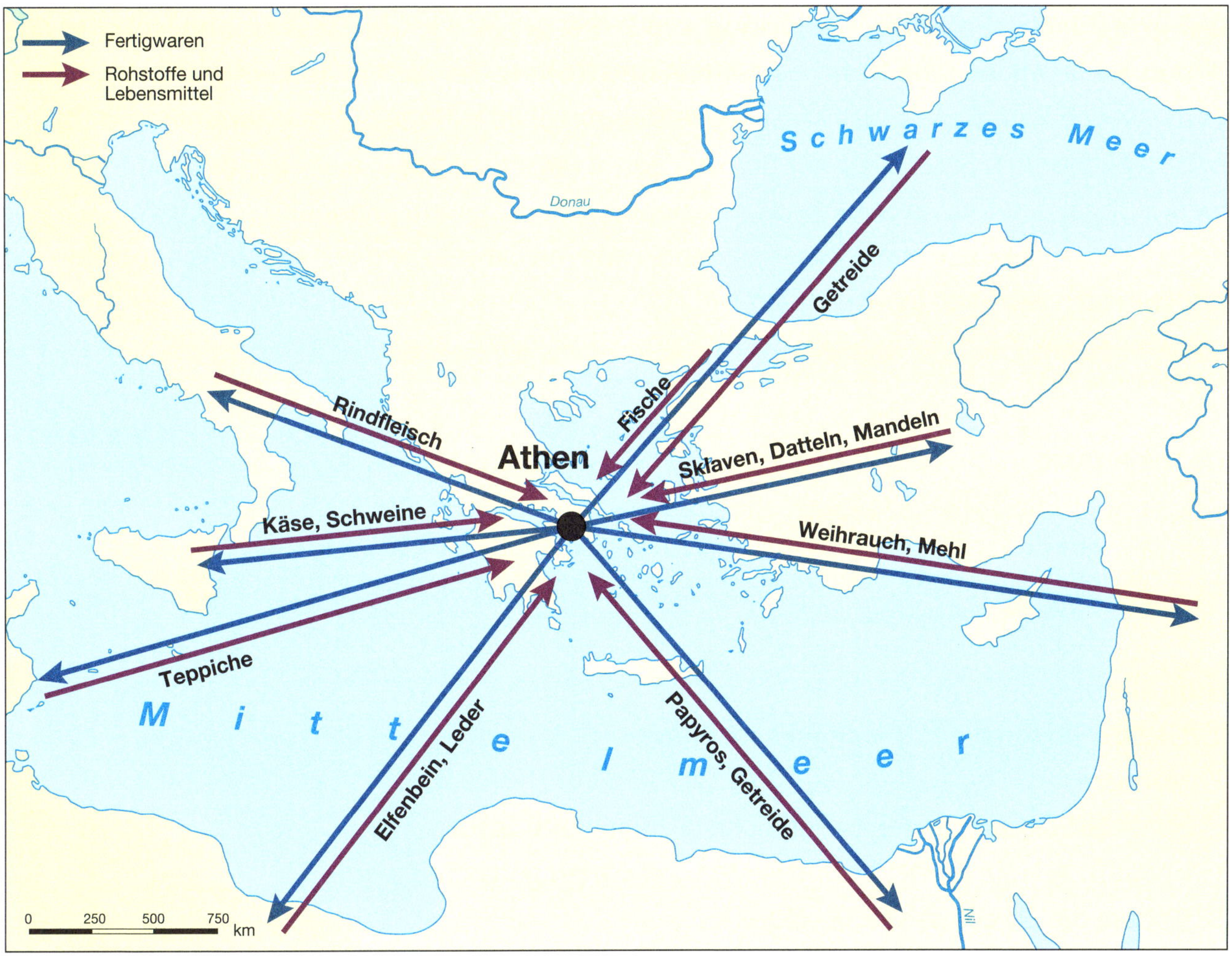

Karte: Westermann

Aufgaben:

1. Beschreibe,
   a) was in der Karte M 2 dargestellt wird.
   b) wofür die Pfeile stehen.

2. Nenne
   a) alle Waren, die nach Athen eingeführt wurden.
   b) Waren, die aus Athen ausgeführt wurden.

3. Überlege, wofür die Rohstoffe in Athen gebraucht wurden. Nutze M 1.

4. Erkläre, warum die Lage Athens dazu beitrug,
   ein wichtiges Handelszentrum zu werden.

Arbeitsblatt 4: Athen als Zentrum des Handels – eine Textquelle auswerten

M | 3 Textquelle: Hermippos

Der griechische Gelehrte Hermippos (um 289 – um 208 v. Chr.) lässt einen Händler aus Athen erklären, welche Nahrungsmittel und Rohstoffe nach Athen eingeführt werden:
„Aus Kyrene kommen Rindsleder und Heilpflanzen; vom Hellespont Makrelen[1] und Salzfische jeglicher Art; Syrakus liefert Schweine und Parmesankäse; aus Ägypten kommen Tauwerk[2], Segel und Bücher; Weihrauch[3] beziehen wir aus Syrien; Elfenbein[4] aus Libyen; Phrygien beliefert uns mit Sklaven; Zypern versorgt uns mit Datteln und feinem Mehl; Teppiche und bunte Kissen kommen aus Karthago."

Quelle: Nach Hermippos, Fragment 63. In: Lautemann, Wolfgang und Manfred Schlenke (Hg.): Geschichte in Quellen, München 1975, S.192.

Worterklärungen
1 die Makrele: eine Fischart
2 das Tauwerk: Seile, die in der Schifffahrt benutzt werden
3 der Weihrauch: ein Harz, das in der Heilkunde und in religiösen Zeremonien verwendet wird
4 das Elfenbein: Stoßzähne von Elefanten bestehen aus Elfenbein. Kunst- und Gebrauchsgegenstände wurden daraus angefertigt.

Aufgaben:

1. Lies die Textquelle M 3 aufmerksam durch.
2. Markiere
   a) mit GRÜN alle Länder, Landstriche (Gebiete) und Städte.
   b) mit BLAU alle Rohstoffe und Waren, mit denen gehandelt wurde.
3. Notiere die Ergebnisse in der Tabelle.

Stadt, Land, Gebiet	Rohstoff, Handelsware
Kyrene	Rindsleder, Heilpflanzen
Hellespont	Makrelen,
Syrakus	

Arbeitsblatt 5: Athen als Zentrum des Handels – eine Karte erstellen

M | 4 Karte

Lege nun selber eine Karte an, in der Rohstoffe und Waren, die nach Griechenland (Athen) eingeführt wurden, verzeichnet sind. Folge dazu der Anleitung mit Schritt 1 und Schritt 2.

Karte: Westermann

Arbeitsblatt 6: Athen als Zentrum des Handels – eine Karte erstellen

Anleitung

Schritt 1: Eine Legende erstellen

Aufgaben:
1. Arbeite mit deinen Ergebnissen in der Tabelle.
2. Erstelle eine Legende zu der Karte:
   a) Lege Zeichen für die Waren und Rohstoffe aus M 3 fest.
   b) Überlege, auf welchen Wegen die Waren transportiert wurden. Lege auch dafür Zeichen fest.
   c) Zeichne die Legende in den Kasten.

Legende:

Rohstoffe:

Elfenbein

Weihrauch

Waren:

Wege:

Schiff

Karawane

Esel

Arbeitsblatt 7: Athen als Zentrum des Handels – eine Karte erstellen

Anleitung

Schritt 2: Eine Karte erstellen

Aufgaben:

1. Übertrage deine Legende in die Karte M 4.

2. Trage das Zeichen für die Ware/den Rohstoff auch in das Land ein,
   aus dem die Ware/der Rohstoff stammt.
   Tipp: Nutze wieder deine Tabelle.

3. Ergänze die Transportwege der Waren/Rohstoffe nach Athen.

4. Formuliere einen Titel für deine Karte, in dem die Hauptaussage zusammengefasst ist.

5. Überprüfe, ob Rohstoffe und Waren richtig eingetragen sind.
   Tipp: Tauscht eure Karten untereinander aus.
   Stellt euch folgende Situation vor: Ein Händler hat den Auftrag, Rindsleder
   und Teppiche nach Griechenland zu bringen. Kann ihm deine Karte helfen?

6. Präsentiere deine Karte in der Klasse.
   Gib deinen Mitschülern Tipps:

Das hat mir gut gefallen

____

____

Das habe ich nicht verstanden

____

____

Hier kann ich dir Tipps geben ...

- Sind die Zeichen aussagekräftig?
- Ist die Karte übersichtlich gestaltet?
- Ist die Karte vollständig?

Arbeitsblatt 1: Demokratie in Athen – ein Verfassungsmodell erklären

M | 1 Informationstexte: Demokratie in Athen

In dem Stadtstaat Athen übernahmen im 5. Jahrhundert v. Chr. die Bürger die politische Macht. Diese Herrschaftsform nannten sie Demokratie, die Herrschaft des Volkes. Dabei war die Macht auf verschiedene Gruppen aufgeteilt.

M 1.1 Die Volksversammlung

Alle Bürger Athens konnten an der Volksversammlung teilnehmen. Voraussetzung war, dass sie männlich und mindestens 18 Jahre alt waren. Außerdem mussten beide Eltern aus Athen stammen. Stimmberechtigt waren die männlichen athenischen Bürger ab 20 Jahre. Um Beschlüsse fassen zu können, mussten mindesten 6000 Bürger anwesend sein. Jeder Bürger durfte Anträge stellen. Wer zu spät kam, musste eine Geldstrafe zahlen.

M 1.2 Die Strategen

Die Volksversammlung wählte 10 Feldherren, die im Kriegsfall das Heer führen sollten.

M 1.3 Das Scherbengericht

Die Volksversammlung hielt einmal im Jahr ein Scherbengericht ab. Damit hatte sie die Möglichkeit, unzuverlässige Politiker für zehn Jahre aus der Stadt zu verbannen. Jeder Bürger ritzte den Namen des Politikers, den er für unzuverlässig und nicht geeignet hielt, in eine kleine Tonscherbe ein. Die Demokratie sollte so gesichert werden.

M 1.4 Der Rat der Volksgerichte

Der Rat der Volksgerichte wurde von der Volksversammlung gewählt. Jeder Bürger sollte das Recht haben, gegen Verstöße gegen die öffentliche Ordnung vor Gericht zu ziehen. Dazu wurden Richter bestimmt.

M 1.5 Die Archonten

Die Archonten waren die neun obersten Beamten Athens. Sie wurden von der Volksversammlung zunächst gewählt, später aber durch das Los bestimmt. Sie hatten die Aufgaben, über Rechtsprechung, religiöse Kulte und militärische Angelegenheiten zu wachen und die Entscheidungsprozesse zu leiten.

Arbeitsblatt 2: Demokratie in Athen – ein Verfassungsmodell erklären

M 1.6 Ohne politische Mitspracherechte
Bevölkerungsgruppen, die keine politischen Mitspracherechte hatten, waren Frauen und Kinder der Bürger Athens, zugezogene Personen und Ausländer ohne Bürgerrecht sowie Sklavinnen und Sklaven. Sie hatten keine Möglichkeit, politischen Einfluss auszuüben oder ein Amt zu übernehmen.

M 1.7 Der Rat der Fünfhundert
Der Rat der Fünfhundert wurde von der Volksversammlung durch das Los bestimmt. Seine Aufgabe bestand darin, die Gesetze, die beschlossen werden sollten, vorher zu prüfen und zu beraten.

M 1.8 Die Regierung
Die Regierung bestand aus 50 Mitgliedern, die aus dem Rat der Fünfhundert stammten. Sie wurden für 36 Tage bestimmt.

M 1.9 Der Vorsitzende für einen Tag
An der Spitze stand der Vorsitzende für einen Tag. Er stammte aus der Regierung und durfte nur für einen Tag sein Amt ausüben.

Sachinformationen von Heike Schuster

Anleitung

Aufgaben:

1. Lies die unterschiedlichen Texte durch.
2. Markiere mit verschiedenen Farben,
   a) wer beteiligt war.
   b) welche Aufgaben zu bewältigen waren.
3. Ordne die unterschiedlichen Gruppen in das Schema M 2 ein.
   Tipps:
   Vielleicht hilft es dir, die Texte auszuschneiden und das Schema zu legen!
   Achte besonders auf die Verben im Schema und in den Texten!
4. Notiere in den Feldern in M2 in Stichworten, wer beteiligt war und welche Aufgaben er hatte.

Arbeitsblatt 3: Demokratie in Athen – ein Verfassungsmodell erklären

M | 2 Politische Mitsprache in Athen im 5. Jahrhundert v. Chr.

Quelle: Westermann

Arbeitsblatt 4: Demokratie in Athen – ein Verfassungsmodell erklären

Anleitung: Einen Lexikonartikel verfassen

Aufgaben:

1. Verfasse einen Lexikonartikel über die Demokratie im Stadtstaat Athen im 5. Jahrhundert v. Chr.

2. Verwende dazu die Informationstexte und dein Verfassungsmodell M 2.

3. Nutze auch die Wortlisten:

Nomen	Verben
das Verfassungsmodell	beschreiben
die Demokratie	verwirklichen
der Bürger	sein
das Bürgerrecht	besitzen
die Mitsprache	mitsprechen können
die Volksversammlung	bestehen aus wählen beantragen auslosen abhalten
das politische Amt	ausüben übernehmen
die Aufgabe	übernehmen ausführen
der Antrag	beraten über

4. Denke daran, den Lexikonartikel in Abschnitte zu gliedern. Fertige dazu hier eine Stichwortliste mit vier bis fünf Begriffen an, nach denen du deinen Artikel gliedern willst.

_______________ _______________

_______________ _______________

____

Arbeitsblatt 6: Demokratie in Athen – ein Verfassungsmodell erklären

M | 3 Die Bevölkerung Athens im 5. Jahrhundert v. Chr.

Etwa 40.000 Bürger, die für Athen Kriegsdienst leisteten (freie Männer über 20 Jahre).

Etwa 70.000 Frauen und Kinder, Bürgerinnen und Bürger ohne politische Rechte.

Etwa 70.000 Einwanderinnen und Einwanderer ohne Bürgerrecht.
Von ausländischen Einwanderern wurde kein Kriegsdienst erwartet, weil sie ihrer Heimatpolis verpflichtet waren.

Etwa 200.000 Sklavinnen und Sklaven
- vom Staat z. B. als Bergarbeiterinnen und Bergarbeiter eingesetzt
- von Bürgerinnen und Bürgern zu zahlreichen Arbeiten herangezogen (z. B. im Haushalt)

Schaubild: Westermann

M | 4 Kreisdiagramm

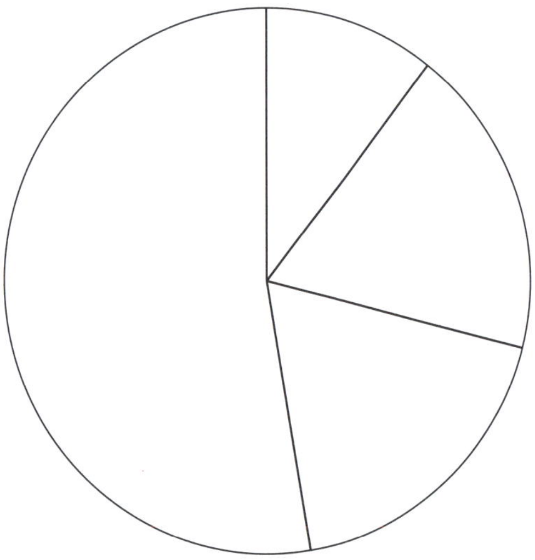

Aufgaben:

1. Übertrage die Zahlen aus M 3 in das Kreisdiagramm M 4.
2. Bewerte das Ergebnis:
   a) Wer durfte politisch mitbestimmen?
   b) Wer war von der Mitsprache ausgeschlossen?

Arbeitsblatt 1: Klassensprecherwahl

M | 1 Informationstext

Auch ihr kennt Möglichkeiten, Entscheidungen gemeinschaftlich zu treffen.
Häufig ist das nicht einfach, denn es gibt unterschiedliche Interessen und Meinungen.
Viele Klassen haben einen Klassenrat, alle Klassen haben aber Klassensprecher.

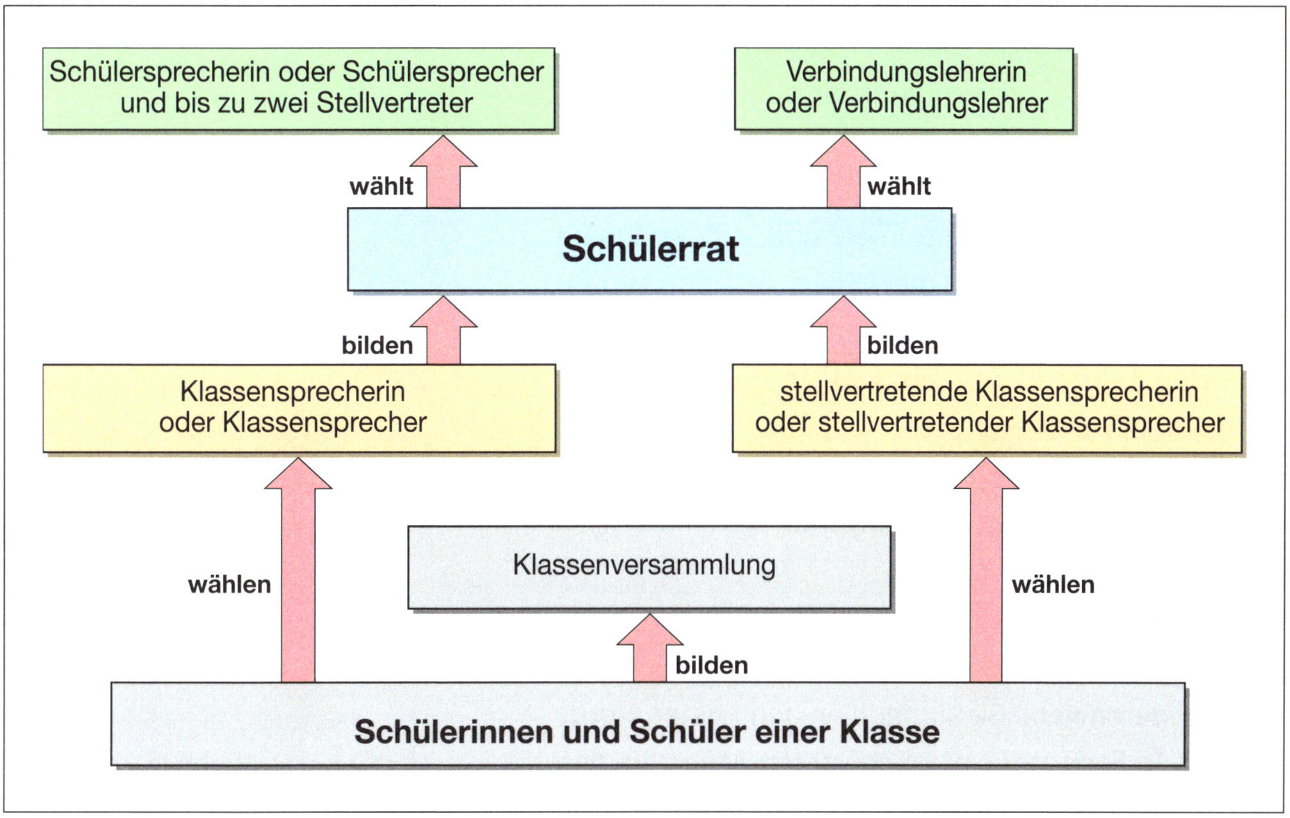

Schaubild: Westermann

Aufgaben:

1. Beschreibe, wie in eurer Klassen die Klassensprecher gewählt wurden.
2. Erkläre, welche Aufgaben die Klassensprecher haben.
3. Überlege, warum es in der Regel mindestens zwei Klassensprecher gibt.
4. a) Trage zusammen, welche Themen ihr gemeinsam in der Klasse besprecht.
   b) Erläutere, warum diese Themen für alle Mitschüler wichtig sind.
5. Sammle Beispiele, wo und wann sich die Klasse im Schulleben engagiert.

Arbeitsblatt 1: Griechische Kolonisation

M | 1 Informationstext

In dem Zeitraum von 750–550 v. Chr. verließen viele Griechen ihre Heimat. Sie gründeten neue Siedlungen, die man Kolonien oder Tochterstädte nennt. Welche Gründe führten dazu, dass viele Griechen aus ihrer Heimat auswanderten?

Die Landschaft Griechenlands ist dadurch geprägt, dass es am Mittelmeer liegt und durch Gebirge durchzogen ist, die viele Täler bilden. In diesen Tälern, den Buchten am Mittelmeer und auf den Inseln lebten die meisten Menschen. Die Griechen kannten das Mittelmeer und wurden gute Seefahrer.

In den Tälern gab es nur wenige fruchtbare Flächen, auf denen sie Getreide und andere Nahrungsmittel an bauen konnten. Die Ernten reichten deshalb nicht aus, um die stark anwachsende Bevölkerung zu ernähren.

Viele Griechen entschieden sich, aus griechischen Stadtstaaten und deren Gebieten auszuwandern. Sie gründeten neue Siedlungen an den Küsten Nordafrikas, Italiens oder am Schwarzen Meer. In den neuen Siedlungen lebten ungefähr 2000 bis 10.000 Menschen.

Zwischen den Mutterstädten und den Tochterstädten, den Kolonien, entwickelten sich gute Handelsbeziehungen. So wurden die Kolonien immer reicher.

Auch auf die einheimische Bevölkerung hatten die neuen griechischen Siedler Einfluss. Sie bauten zum Beispiel Tempel, brachten neue Pflanzen und bessere Techniken für die Landwirtschaft und die Handwerksberufe mit.

Sachtext von Heike Schuster

Arbeitsblatt 2: Griechische Kolonisation

Aufgaben:

1. Lies den Text M 1 aufmerksam durch.
2. Vervollständige die Sätze und notiere sie an der richtigen Stelle neben dem Text:
   a) Die meisten Griechen lebten ... .
   b) Fruchtbares Land gab es ... .
   c) Die Griechen mussten hungern, weil ... .
   d) Viele Griechen ... .
   e) Kolonien sind ... .
   f) In ihre neue Heimat brachten sie ... .
3. Beschreibe die Rekonstruktionszeichnung M 2.
   Tipp: Verwende die Begriffe: die Siedlung, der Hafen, die Schiffe, der Fluss, die Häuser, die Befestigungsmauer, die Wachtürme, die Tempel

M | 2 Eine neu gegründete Kolonie (Rekonstruktionszeichnung)

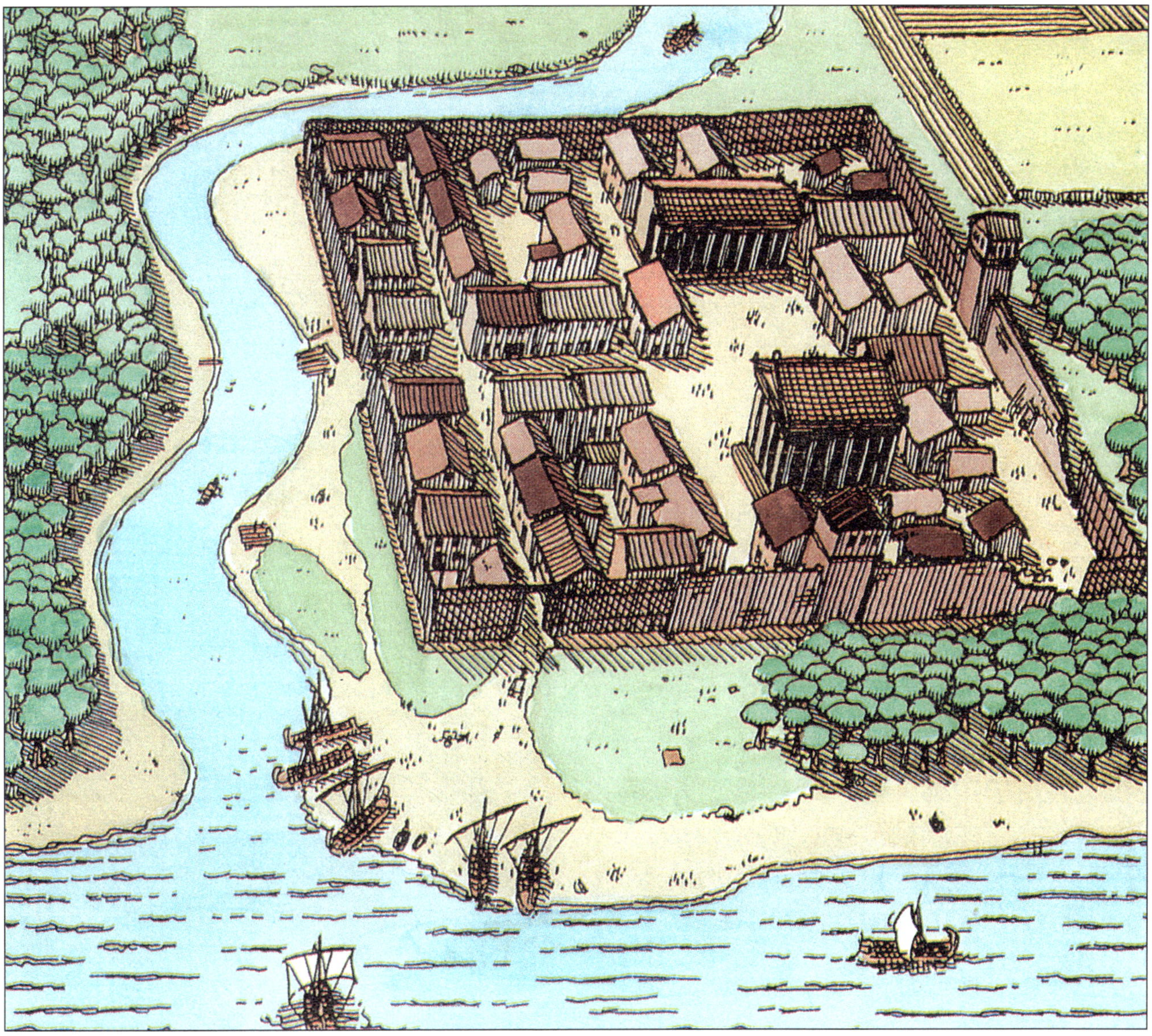

Foto: H.-H. Römer (C. W. Weber: Segel und Ruder, Artemis Verlag 1988)

Arbeitsblatt 3: Griechische Kolonisation

M | 3 Karte. Die griechische Kolonisation 750–550 v. Chr.

Karte: Westermann

Arbeitsblatt 4: Griechische Kolonisation

Aufgaben:

1. Nenne den Titel der Karte M 3.

   Der Titel der Karte lautet ... .

2. Beschreibe, welches Gebiet dargestellt wird.

   Die Karte zeigt ... .

   Ich erkenne die Länder ... .

3. Betrachte die Legende in Karte M 3 und beschreibe, wie Mutterstädte und Tochterstädte gekennzeichnet sind. (Farbe, Zeichen)

   Mutterstädte werden gekennzeichnet durch ... .

   Die Tochterstädte haben ... .

4. Erkläre, wie die Griechen die neuen Gebiete erreichen konnten.

5. Überlege, welche Gefahren auf dem Weg in die neue Heimat gelauert haben könnten.

   Ich vermute, dass ... .

Arbeitsblatt 5: Griechische Kolonisation

M 3 Eine Geschichtserzählung

Die folgende Erzählung beschreibt am Beispiel der griechischen Auswanderer Kyrnos und Megakles, welche Gedanken, Hoffnungen und Gefühle sie auf ihrer Reise in die neue Heimat gehabt haben könnten.

Im Morgengrauen verließen zwei mit Saatgut, Vieh und Hausrat schwer beladene Ruderschiffe den Hafen der Stadt. An Bord waren etwa 150 Kolonisten – unter ihnen Kyrnos und Megakles.

Kyrnos war der jüngste Sohn eines Bauern. Und er hatte noch keine Frau und Kinder. So hatte sein Vater ihn dazu bestimmt, den Oikos zu verlassen. Der Abschied machte Kyrnos traurig, aber er freute sich auch: In der neuen Siedlung gab es genug Ackerland. Bald wäre er selbst Herr eines Oikos und vielleicht wohlhabender als die Bauern zu Hause.

Megakles war Kaufmann. Er hatte Keramik in seinem Gepäck, die er den Einheimischen verkaufen wollte: Sie kannten vielleicht andere Getreidesorten und Anbauweisen oder stellten unbekannte Waren her. Megakles war unsicher, wie er den Einheimischen begegnen sollte, aber er war auch neugierig auf ihre Lebensweise.

Quelle: Aufbruch zu neuen Ufern. In: Koltrowitz, B. (Hg.): Geschichte Plus 5/6 (Berlin). Berlin 1998, S. 95.

Worterklärungen:
Hausrat: alle Gegenstände, die in einem Haushalt gebraucht werden
Kolonisten: Siedler
Oikos: eine Gemeinschaft, die zusammen lebt und arbeitet
Keramik: Gegenstände aus gebranntem Ton

Aufgabe:

Versetze dich in die Situation von Kyrnos oder Megakles. Beschreibe aus dessen Sicht, welche Gedanken ihm vor der Reise durch den Kopf gehen. Nenne auch Gründe, die ihn dazu bewogen haben, in ein fremdes Land auszuwandern.

Arbeitsblatt 1: Warum verlassen Menschen ihre Heimat?

M | 1 Wanderungsbewegungen in der Geschichte

Heute hören wir häufig, dass wir in einer multikulturellen Gesellschaft leben. Das bedeutet, dass Menschen aus unterschiedlichen Ländern mit verschiedenen Sprachen, Traditionen und Religionen zusammenleben. Dass Menschen ihr Heimatland verließen, um sich in einem fremden Land niederzulassen und zu leben, hat es auch in der Geschichte schon immer gegeben. Diese Wanderbewegung nennt man Migration. Was können heute Gründe für Migration sein?

Ich komme aus Spanien. Es gibt hier zur Zeit kaum Ausbildungsplätze. Ich kann kein Geld verdienen, um mir ein eigenes Leben aufzubauen. Es fehlt mir die Hoffnung auf eine gesicherte Zukunft.

____

Hier in Somalia macht uns die lange Trockenheit zu schaffen. Die meisten Menschen leben von der Viehwirtschaft. Die Tiere finden aber nichts zu fressen, weil sich die Wüste wegen der Trockenheit immer weiter ausbreitet. So haben auch die Menschen zu wenig Nahrung.

____

Ich komme aus der Türkei. Ich bin sehr verliebt. Ich möchte heiraten. Außerdem kann ich mit meiner Familie und Verwandten, die schon lange in Deutschland wohnen, zusammen sein.

____

Hier in Syrien herrscht Krieg. Alle haben Angst um die Familie und das eigene Leben. Viele Gebäude sind zerstört, und die Versorgung mit Lebensmitteln ist schlecht. An ein geregeltes Leben in Sicherheit ist nicht zu denken.

____

Arbeitsblatt 2: Warum verlassen Menschen ihre Heimat?

Anleitung: Gründe für Migration benennen und ein Fischgräten-Diagramm gestalten

Aufgaben:

1. Lies die Sprechblasen.
   a) Ordne den Sprechblasen folgende Begriffe zu:
   Umweltzerstörung, persönliche Gründe (Liebe/Heirat), Arbeitslosigkeit, Krieg/Bürgerkrieg.

   b) Schreibe den passenden Begriff unter die Sprechblase.

2. In dem Fischgräten-Diagramm (M 2) kannst du die Gründe, die Menschen bewegen, ihr Land zu verlassen, darstellen.

   Auf den obersten Gräten (Hauptgräten) notierst du die Gründe, die du bereits in Aufgabe 1 zugeordnet hast. Auf den kleineren Gräten notierst du Einzelheiten aus den Texten. Im Kopf des Fisches findet sich die Folge, die sich aus den einzelnen Gräten ergibt.

3. Präsentiere dein Fischgräten-Diagramm.

   Folgende Satzanfänge können dir helfen:

   Dies ist ein Fischgräten-Diagramm zum Thema „*Menschen verlassen ihre Heimat*“.

   Die Gründe dafür sind in den Gräten dargestellt.

   Ein Grund ist, ...

   Das bedeutet, dass Menschen ...

   Ein weiterer Grund ...

   Es können auch .... Gründe sein.

   ...

   Alle Gründe haben zur Folge, dass ...

Arbeitsblatt 3: Warum verlassen Menschen ihre Heimat?

M | 2 Fischgräten-Diagramm

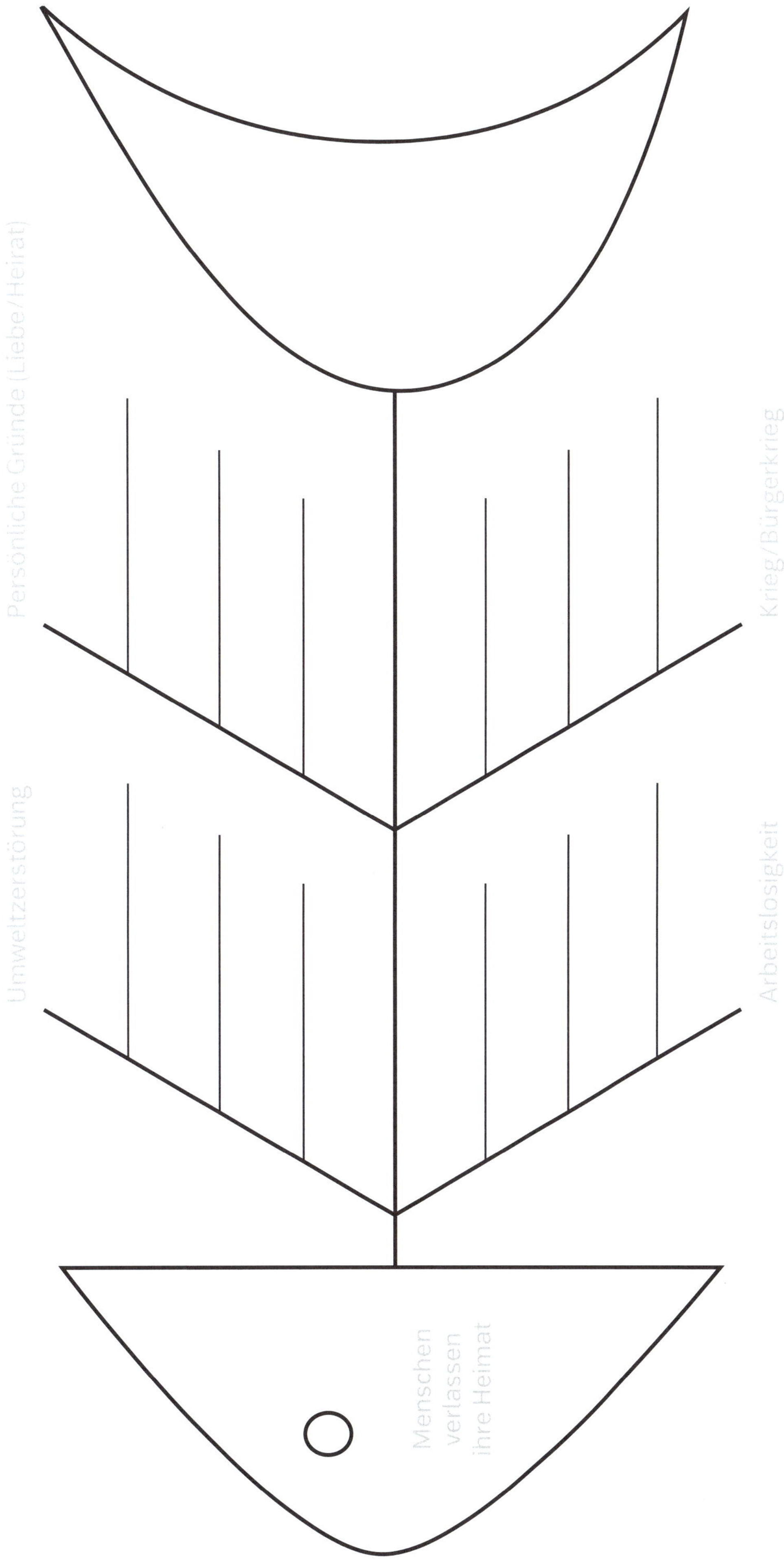

Arbeitsblatt 4: Die eigene Familiengeschichte untersuchen

Anleitung: Nach der Herkunft der eigenen Familie forschen

Viele Menschen, die heute in Deutschland leben und arbeiten, haben ihre Wurzeln in anderen Ländern oder stammen aus anderen Regionen Deutschlands. Wahrscheinlich ist das auch in deiner Familie nicht anders.

Aufgaben: Familienmitglieder befragen

1. Frage deine Großeltern, deine Eltern oder Verwandte, ob sie dir über die Familiengeschichte, ihr Leben und ihre Herkunft berichten möchten.
   Tipp: Um eine gute Übersicht über die Geschichte der Familie zu bekommen, ist es gut, wenn du ältere und jüngere Personen befragen kannst.

2. Erstelle einen kurzen Bericht über deine Familie.
   Hier einige Tipps:

   Satzanfänge nutzen:
   Mein (Ur-) Großvater heißt ... . Er wurde ... in ... geboren. Von Beruf war er ... .
   Im Jahr ... zog er nach ... . Dort kannte er ... . Er zog nach ..., weil ... .
   Meine (Ur-) Großmutter heißt ... . Sie stammt aus ... . Sie lernten sich ... in ... kennen.
   Sie heirateten im Jahr ... in ... . Ihre Kinder heißen ... . Sie wurden ... geboren.
   Die Familie ist ... umgezogen.

   Die Familie wohnt ...
   Meine Großeltern ...
   Meine Eltern ...
   Die Familie lebt heute ...

   Fotos verwenden und beschreiben:
   Wie wirken die Personen?
   Erkennt man Gebäude, Straßen, Landschaften oder Autos?
   Wie sind die Personen gekleidet?
   Aus welchem Anlass wurde das Foto gemacht?

3. Trage deine Ergebnisse in Karten ein.
   a) Kennzeichne in einer der Karten M 3, M 4 oder M 5 die Orte, in denen deine Familie gelebt hat. Nimm einen Atlas zur Hilfe, um die Lage der Orte zu ermitteln.
   b) Verbinde die Orte mit einer Linie.
   c) Gib deiner Karte einen Titel.

Arbeitsblatt 5: Die eigene Familiengeschichte untersuchen

M | 3 Weltkarte

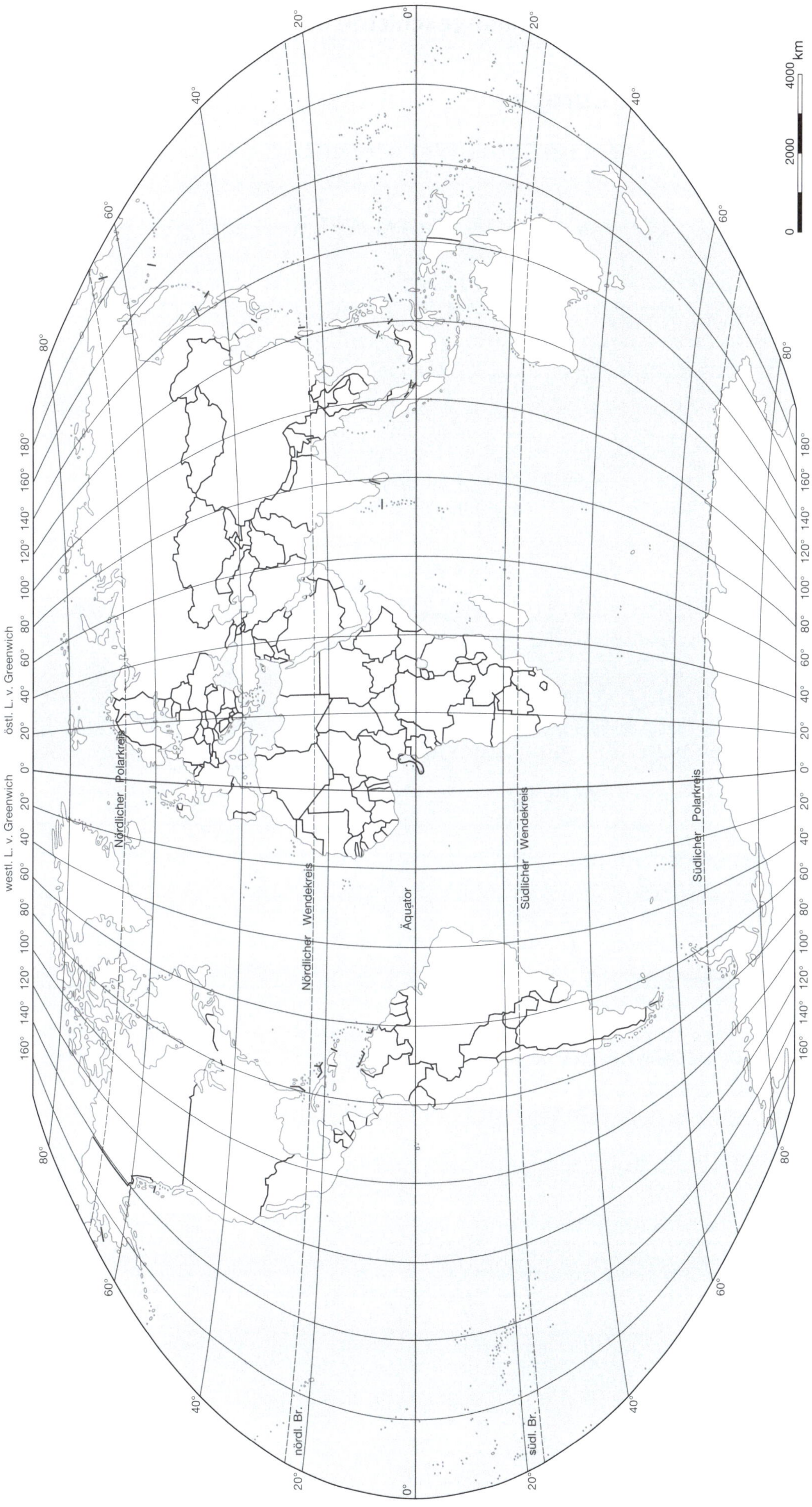

Karte: Westermann

Arbeitsblatt 6: Die eigene Familiengeschichte untersuchen

M | 4 Karte von Europa

Karte: Westermann

Arbeitsblatt 7: Die eigene Familiengeschichte untersuchen

M | 5 Karte von Deutschland

Karte: Westermann

Arbeitsblatt 1: Römer und Germanen – Eine Textquelle deuten

M | 1 Textquelle: Tacitus

Der römische Geschichtsschreiber Tacitus (um 58 – um 120 n. Chr.) beschreibt das Zusammentreffen der germanischen Brüder Arminius und Flavus an der Weser. Flavus und Arminius standen beide in römischen Diensten. Dennoch organisierte Arminius Aufstände germanischer Stämme gegen die römischen Besatzer:

„Der Weserstrom floss zwischen Römern und Cheruskern. An sein Ufer trat (...) Arminius, (...) [er] bat (...) um die Erlaubnis, mit seinem Bruder zu sprechen. Dieser stand im römischen Heer unter dem Namen Flavus, war ein Muster an Treue und hatte durch eine Verwundung (...) ein Auge verloren. (...) [Er] wurde von Arminius begrüßt. Dieser (...) fragte (...) den Bruder, woher diese Entstellung des Gesichts rühre. Als jener über Ort und Gefecht berichtete, wollte er wissen, welche Belohnung er denn dafür erhalten habe. Flavus nannte Solderhöhung, Ehrenkette, Kranz und andere militärische Auszeichnungen – höhnisch lachte Arminius über den armseligen Preis der Sklaverei.

Dann begannen sie, ihre entgegengesetzten Standpunkte zu vertreten. Der eine verwies auf die Größe Roms, auf die Macht des Caesars[1] und die schweren Strafen für Besiegte, während bei Unterwerfung Milde zu erwarten sei; auch seine Gattin und sein Sohn würden nicht als Feinde behandelt: der andere erinnerte an die heilige Verpflichtung gegenüber dem Vaterland, an die altererbte Freiheit, die heimischen Götter Germaniens, an die Mutter, die sich seinen Bitten anschließe; er solle doch nicht lieber Überläufer, ja Verräter an Verwandten und Angehörigen, schließlich am eigenen Volke als dessen Heerführer sein wollen! Allmählich steigerten sie sich dann in einen hitzigen Wortwechsel hinein und wollten sich nicht (...) abhalten lassen, handgemein[2] zu werden, hätte nicht Stertinius herbeieilend den zornwütigen, nach Waffen und Pferd verlangenden Flavus festgehalten. Auf der anderen Seite konnte man Arminius wahrnehmen, wie er Drohungen ausstieß und eine Schlacht ankündigte (...)."

Quelle: P. Cornelius Tacitus: Annalen. Buch II, Kap. 9–10. München 5. A. 2005, S. 119–121.

Worterklärungen
1 Caesar: Kaiser
2 handgemein: handgreiflich, gewalttätig

Arbeitsblatt 2: Römer und Germanen – Eine Textquelle deuten

Anleitung: Den Inhalt der Textquelle verstehen

Schritt 1: Basisinformationen entnehmen

Aufgaben:

1. Lies den Text aufmerksam durch.
   Hinweis: Textquellen sind manchmal sehr lang. Punkte (...) im Text bedeuten, dass Wörter oder Sätze ausgelassen wurden. Klammern [...] weisen darauf hin, dass Wörter eingefügt wurden, um den Text verständlicher zu machen.

2. Notiere in Stichworten, was du schon gut verstanden hast:
   Wo fand die Situation statt?

   ____

   ____

   ____

   Wer war daran beteiligt?

   ____

   ____

   ____

   Was passierte?

   ____

   ____

   ____

   ____

3. Markiere, was du noch nicht verstanden hast.
   Hinweis: Frage deinen Lehrer, deine Mitschüler oder schaue im Wörterbuch nach.

Arbeitsblatt 3: Römer und Germanen – Eine Textquelle deuten

M | 2 Karte: Germanien um Christi Geburt

Siedlungsgebiete germanischer Stämme

Karte: Westermann

Schritt 2: Informationen in einer Karte anschaulich machen

Aufgabe:

1. Entnimm dem Text Informationen und verorte sie in der Karte.
   a) Lies den Text nochmal durch.
   b) Unterstreiche in GRÜN alle Angaben, die du zu Arminius findest.
   c) Unterstreiche in BLAU alle Angaben, die du zu Flavus findest.
   d) Markiere in der Karte, wo sich Arminius und Flavus befanden.

Arbeitsblatt 4: Römer und Germanen – Eine Textquelle deuten

Schritt 4: Die Quellenaussage zusammenfassen

Aufgabe:

1. Fasse die Quelle in eigenen Worten zusammen.
   Ergänze dazu die folgenden Sätze:

   Tacitus stellt in seinem Text das Folgende fest:

   Arminius kämpfte aufseiten der Cherusker gegen die Römer.
   Die Cherusker waren ein germanischer Stamm.
   Sein Bruder Flavus stand im römischen Heeresdienst und kämpfte für

   ____

   Germanen und Römer waren verfeindet.
   Beide Brüder trafen sich

   ____

   Arminius lachte Flavus aus, als er hörte

   ____

   ____

   Arminius und Flavus hatten unterschiedliche Begründungen für eine Schlacht.
   Flavus nannte

   ____

   Arminius erwiderte

   ____

   Die beiden Brüder stritten immer heftiger.
   Beinahe

   ____

   ____

   Arminius drohte

   ____

   ____

Arbeitsblatt 5: Römer und Germanen – Eine Textquelle einordnen

M | 3 Informationstext: Über Tacitus

Der römische Geschichtsschreiber Tacitus (um 58 – um 120 n.Chr.) schrieb viele Werke über die römische Geschichte. Als Quellen dienten ihm dabei mündliche Berichte oder andere Geschichtswerke. Seinen Bericht über die Schlacht zwischen Germanen und Römern, die im Jahr 9 n. Chr. stattfand, schrieb er ungefähr 100 Jahre nach dem Ereignis. Arminius war der Führer des allgemeinen Germanenaufstands zwischen Rhein und Weser gegen die römische Herrschaft. In der so genannten Schlacht im Teutoburger Wald, deren Schauplatz man nach Ausgrabungen bei Kalkriese in der Nähe von Osnabrück für sehr wahrscheinlich hält, vernichtete Arminius drei römische Legionen unter dem Oberbefehl des römischen Feldherren Quinctilius Varus. Die Schlacht wird deshalb auch häufig Varus-Schlacht genannt.

Sachinformation von Heike Schuster

Anleitung

Schritt 1: Den Verfasser einordnen

Aufgaben:

1. Nenne,
   a) um welche Art von Textquelle es sich handelt.
      - Brief, Urkunde, Bericht, Tagebuch, ...

   b) wer die Quelle verfasst hat.
      - Was weiß man über den Verfasser?
      - Aus welcher Sicht beschreibt er das Ereignis?

   c) ob die persönliche Haltung des Verfassers deutlich wird.

   d) wann die Textquelle verfasst wurde.
      - War der Verfasser Zeuge des Ereignisses oder hat er nur davon erfahren?

   e) was der Verfasser beschreibt.
   Tipp: Nutze dazu deine bisherigen Arbeitsergebnisse.

Arbeitsblatt 6: Römer und Germanen – Eine Textquelle einordnen

Anleitung

Schritt 2: Die Ziele und Absichten des Verfassers bestimmen

Aufgaben:

1. Nutze nun deine Ergebnisse, um die Quelle zu deuten.
2. Erkläre, welches Ziel der Verfasser mit dem Text verfolgt.
   Tipp: Überprüfe nochmal genau, welche Argumente Arminius und Flavus nennen.
   Erwähne auffällige Unterschiede.

M | 4 Informationstext: Was wissen wir heute über die Ereignisse?

Geschichtswissenschaftler arbeiten mit Quellen. Sie vergleichen diese mit anderen Quellen und Informationen. So kommen sie zu einer Bewertung der Sachverhalte. Dieser Prozess ist jedoch nicht irgendwann abgeschlossen. Manchmal finden sich im Laufe der Zeit neue schriftliche Quellen oder archäologische Funde, die dazu führen können, dass eine alte Quelle neu gedeutet werden muss.

Heute geht man davon aus, dass Arminius, der im Dienst der Römer stand, sich die Wut der Germanen auf die Römer zunutze machte und diese gegen die Römer aufwiegelte.

Schritt 3: Die Glaubwürdigkeit der Quelle bestimmen

Aufgaben:

1. Bewerte, wie glaubwürdig die Quelle ist.

   Tipp: Recherchiere dazu im Internet.
   Verwende z. B. die Schlagworte Varusschlacht, Arminius, Varus.

   Folgende Seiten können dir weiterhelfen:
   www.kinderzeitmaschine.de
   http://www.varusschlacht2009.de/varusschlacht.html
   http://www.planet-wissen.de

Arbeitsblatt 1: Ein Denkmal für Arminius

M | 1 Das Hermannsdenkmal bei Detmold

Im Jahr 9 n. Chr. wurden die römischen Legionen von germanischen Truppen unter der Führung des Cheruskerfürsten Arminius vernichtend geschlagen. Arminius wurde durch diesen Sieg berühmt. Im August 1875 wurde im Teutoburger Wald in der Nähe von Detmold ein Hermannsdenkmal eingeweiht. Der lateinische Name Arminius war durch seinen deutschen Namen Hermann ausgetauscht worden. 1871 war das Deutsche Kaiserreich gegründet und ausgerufen worden.

Das Schwert des Denkmals ist 7 Meter lang. Es trägt die Inschrift: Deutsche Einigkeit, meine Stärke / Meine Stärke, Deutschlands Macht.

Unterbau: 26,89 m

Standbild: 26,57 m bis zur Schwertspitze

Foto: Imago/Schöning

Arbeitsblatt 2: Ein Denkmal für Arminius

Aufgaben:

1. Beschreibe, wie das Denkmal auf den Betrachter wirkt. Berücksichtige dabei die Größe des Denkmals.
2. Lies in dem einleitenden Text nach und überlege dir Gründe, warum aus Arminius im Jahr 1875 Hermann wurde.
3. Stelle Vermutungen an, was die Inschrift auf dem Schwert zu bedeuten hat.
4. Erkläre, was durch das Hermannsdenkmal ausgedrückt werden sollte.

M | 2 Hermannsdenkmal in New Ulm, Minnesota, USA

Ab 1820 wanderten viele Deutsche in die USA aus. Die Stadt New Ulm war 1855 von deutschen Auswanderern aus der Stadt Ulm im heutigen Baden-Württemberg gegründet worden. 1897 wurde dort eine Kopie des Hermannsdenkmals eingeweiht. Das Denkmal ist insgesamt 31 Meter hoch.

Foto: Hermann Monument Society, New Ulm

Aufgaben:

1. Stelle Vermutungen an, warum deutsche Einwanderer gerade dieses Denkmal nachgebaut haben.
2. Überlege, was du nachbauen würdest, wenn du in ein anderes Land umziehen müsstest. Begründe deine Entscheidung.

Arbeitsblatt 1: Gladiatoren – ein Bild beschreiben und verstehen

M 1 Gladiatorenkampf

Römisches Mosaik aus dem 3. Jahrhundert n. Chr.
Ausschnitt aus dem Mosaikfußboden der römischen Villa in Nennig im Saarland

Foto: ullstein bild – Prisma/Fiedler Bernd

Arbeitsblatt 2: Gladiatoren – ein Bild beschreiben und verstehen

Anleitung

Schritt 1: Sammle erste Eindrücke

Aufgaben:

1. Beschreibe, wie das Bild auf dich wirkt.

2. Nenne, was dir als Erstes auffällt.

3. Formuliere Fragen, die sich dir beim Betrachten des Bildes stellen.

Wenn ich das Bild betrachte, frage ich mich, ...

Wenn ich das Bild betrachte, möchte ich gerne wissen, ...

Wenn ich das Bild betrachte, überlege ich, ...

Arbeitsblatt 3: Gladiatoren – ein Bild beschreiben und verstehen

Anleitung

Schritt 2: Beschreibe das Bild genau

Aufgaben:

1. Ordne folgende Begriffe in die Kästchen neben dem Bild auf der folgenden Seite (M 2) ein:

   eine Lanze mit Dreizack – eine Beinschiene – ein Helm – ein Schild – ein Gürtel aus Metall – ein Armschutz – ein Lendenschurz – ein gut trainierter Körper – ein Gladiator – ein Schiedsrichter

2. Beschreibe die Personen auf dem Bild.

   Auf dem Bild sehe ich ______________________________

   ____

   Im Vordergrund kämpfen ______________________________

   ____

   Der Gladiator rechts im Bild trägt ______________________________

   ____

   Der Gladiator links im Bild kämpft mit ______________________________

   ____

   Beide Gladiatoren haben gut ______________________________

   ____

   Sie wirken ______________________________

   Die Körperhaltung ist ______________________________

   Der Gesichtsausdruck des Gladiators, der links im Bild ist, ist ______________________________

   ____

   Die Ausrüstung der beiden Gladiatoren ist ______________________________

   ____

   Im Hintergrund in der Mitte sehe ich einen ______________________________

   Er ______________________________

Arbeitsblatt 4: Gladiatoren – ein Bild beschreiben und verstehen

M | 2 Darstellung eines Gladiatorenkampfes

Foto: ullstein bild – Prisma/Fiedler Bernd J.

Arbeitsblatt 5: Gladiatoren – ein Bild beschreiben und verstehen

M | 3 Das Gesamtbild des Mosaikbodens der Villa in Nennig

Ein Mosaik ist ein Bild, das aus vielen kleinen Einzelteilen aus Glas oder Stein zusammengesetzt wurde. Dieses Bild zeigt das Programm von Spielen in einer römischen Kampfarena. Dazu gehörte, dass Tiere auf Tiere gehetzt wurden. Aber es wurden auch Tiere auf Menschen gehetzt. Das Mosaik wurde in den Überresten einer römischen Villa in Nennig im Saarland gefunden. Es entstand ungefähr im Jahr 250 n. Chr.

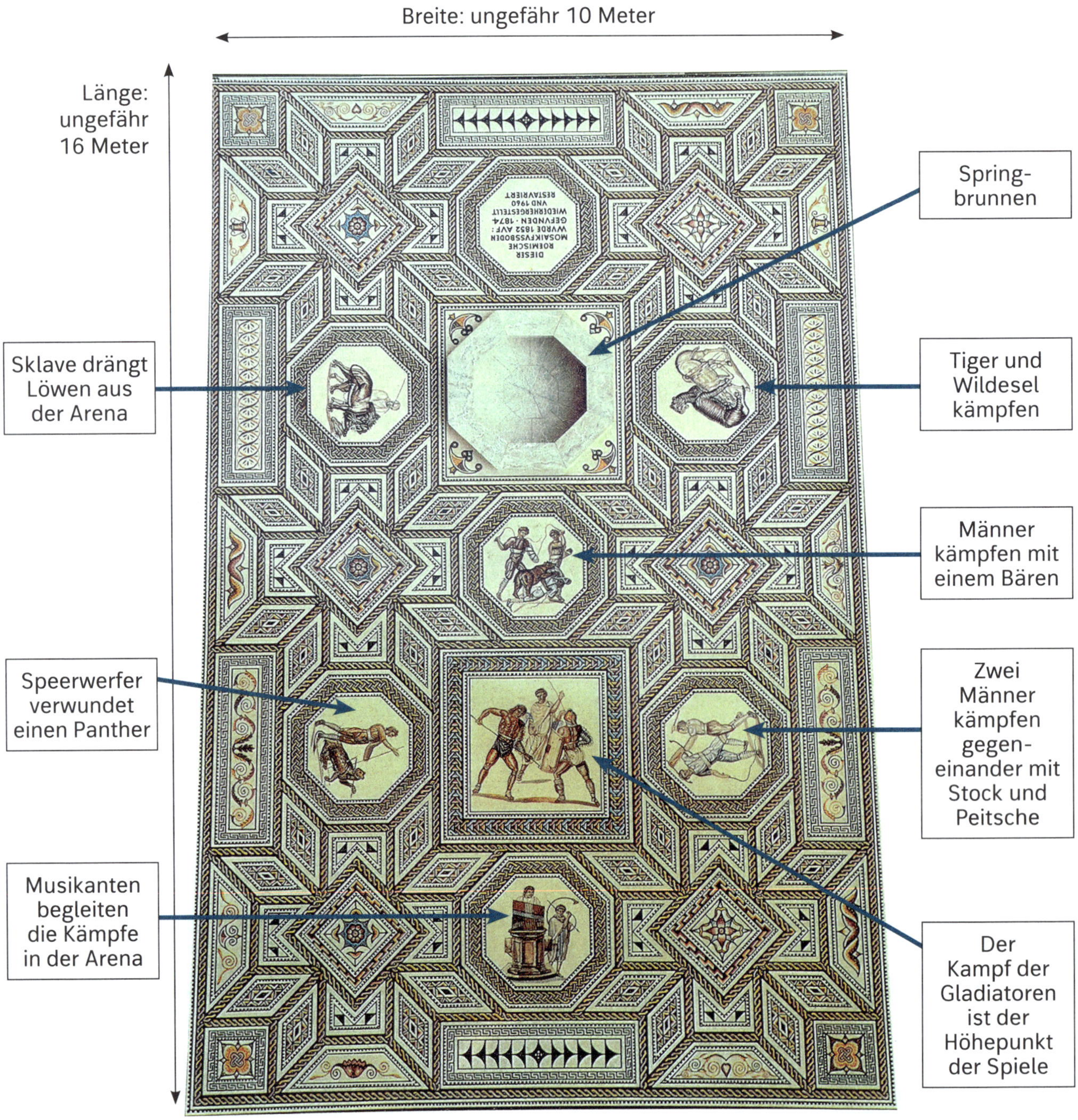

Foto: Landesdenkmalamt Saarbrücken

Arbeitsblatt 6: Gladiatoren – ein Bild beschreiben und verstehen

Anleitung

Schritt 3: Verstehe das Bild richtig

Aufgaben:

1. Lies die Informationen zu dem Bild.

2. Benenne
   a) die Art des Bildes: ____________________

   b) die Zeit, wann es entstanden ist: ____________________

   c) die Größe des Bildes: ____________________

3. Beschreibe, wie das gesamte Mosaik aufgebaut ist.

4. Erkläre, was das Bild über die Zeit, als es entstanden ist, aussagt.

   Das Mosaik befindet sich ____________________

   Es ist ____________________ groß.

   Die einzelnen Bilder zeigen ____________________

   ____

   ____

   ____

   ____

   ____

   ____

   Es diente als Bodenbelag für ____________________

   Deshalb vermute ich, dass ____________________

   ____

   ____

5. Formuliere einen eigenen Titel für das Bild.

   ____

   ____

Arbeitsblatt 1: Die Familie im alten Rom – ein Schaubild erstellen

M | 1 Mitglieder einer römischen Familie

(1)
pater familias

(3) älterer
verheirateter Sohn

(5)
Tochter

(2)
mater familias

(4)
jüngerer Sohn

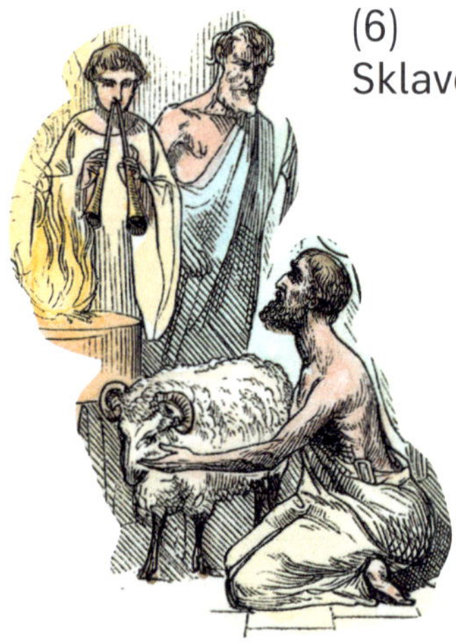

(6)
Sklaven

Foto:/Zeichnung: akg-images/North Wind Picture Archives

Arbeitsblatt 2: Die Familie im alten Rom – ein Schaubild erstellen

Aufgaben: Wer hat in einer vornehmen römischen Familie das Sagen?

1. Ordne das Bild dem richtigen Text zu.
2. Notiere die richtige Zahl in dem Kreis neben dem Text.

M | 2 Aufgaben der Mitglieder einer römischen Familie

◯ Er ist das Oberhaupt der Familie. Er darf über den gesamten Besitz der Familie bestimmen. Alle Mitglieder der Familie müssen ihm gehorchen. Wenn dies nicht der Fall ist, darf er sie bestrafen. Er beschützt die Familie. Neugeborene Kinder kann er aussetztten, wenn sie nicht erwünscht sind.

◯ Sie sind Eigentum des pater familias. Sie arbeiten für ihn auf dem Feld oder im Haushalt. Im Haushalt müssen sie der mater familias gehorchen. Sie gehören zur Familie. Der pater familias kann bestimmen, ob einige von ihnen nach seinem Tod freigelassen werden.

◯ Nach dem Tod des pater familias übernimmt er die Rolle als Oberhaupt der Familie. Dann beschützt er die anderen Familienmitglieder. Diese müssen ihm Gehorsam leisten.

◯ Sie kümmert sich um den Haushalt und die Erziehung der Kinder. Im Haushalt überwacht sie die Sklaven. Sie muss den Anordnungen des pater familias Folge leisten und ihm gehorchen.

◯ Sie muss dem pater familias gehorchen, bis sie heiratet. Der pater familias sucht den Ehemann für sie aus.

◯ Er hat nur wenige Rechte mehr als seine Schwester. Wenn der pater familias und sein älterer Bruder sterben sollten, wird er zum Oberhaupt der Familie. Dann übernimmt er alle Aufgaben.

Arbeitsblatt 3: Die Familie im alten Rom – ein Schaubild erstellen

M | 3 Merkmale eines Schaubildes

Schaubilder werden häufig genutzt, um schwierige Zusammenhänge zu vereinfachen und darzustellen. Bilder, Pfeile, Beschriftungen oder Symbole helfen dabei, den Inhalt zu verdeutlichen. Die Fragestellung, zu der ein Schaubild erstellt werden soll, ist entscheidend für denjenigen, der ein Schaubild anfertigt. Schaubilder zu ein und demselben Thema können also unterschiedlich aussehen. Außerdem müssen Schaubilder gründlich untersucht werden, da bestimmte Informationen vielleicht nicht berücksichtigt wurden.

Sachinformation von Heike Schuster

Anleitung: Ein Schaubild erstellen

Aufgaben: Erstelle ein Schaubild zum Thema „Die römische Familie – Wer hatte das Sagen?“ (M 4)

1. Schneide die Figuren aus M 1 aus.
2. Nutze die Informationen aus M 2 und M 3.
3. Erstelle selbst ein Schaubild: Wer hat viel zu sagen? Wer hat wenig oder gar nichts zu sagen?
4. Verwende zusätzlich Pfeile, um Beziehungen zwischen den Familienmitgliedern zu verdeutlichen:

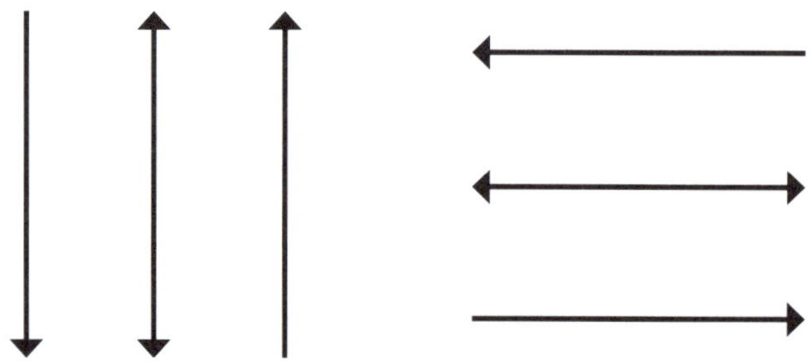

TIPP! Du kannst die Pfeile beschriften:
beschützt – kann bestrafen – muss gehorchen – besitzt – arbeitet für

TIPP! Klebe die Figuren erst auf, wenn du dein Schaubild überprüft hast.

Arbeitsblatt 4: Die Familie im alten Rom – ein Schaubild erstellen

M | 4 Dein eigenes Schaubild

Die römische Familie: Wer hat viel zu sagen?
Wer hat wenig oder gar nichts zu sagen?

Arbeitsblatt 5: Die Familie im alten Rom – ein Schaubild aus- und bewerten

Anleitung: Ein Schaubild aus- und bewerten

Aufgaben:

1. Überlege, welche Informationen aus den Kurztexten du in deinem Schaubild gut darstellen kannst.

   Gut darstellen kann ich, ____

   ____

   ____

   ____

   ____

   Besonders einfach ist es, ____

   ____

   ____

   ____

   ____

   Durch mein Schaubild wird ganz deutlich, ____

   ____

   ____

   ____

   ____

2. Erkläre, was du in deinem Schaubild nicht darstellen kannst.
   Nicht darstellen kann ich, ____

   ____

   ____

   ____

   ____

   Schwierig ist es, ____

   ____

   ____

   Durch mein Schaubild wird gar nicht deutlich, ____

   ____

   ____

Arbeitsblatt 1: Römische Familie und Familie heute – ein Vergleich

Aufgaben: Vergleiche deine Familie heute mit einer vornehmen römischen Familie

1. Beschreibe deine Familie.
2. Vergleiche sie mit einer vornehmen römischen Familie.
3. Lege eine Tabelle an, in der du Merkmale und Besonderheiten auflistest.
4. Notiere Unterschiede zwischen Familien heute und zu römischer Zeit sowie offene Fragen in Tabelle M 1.

M | 1 Tabelle

Familien heute	Römische Familie
Darüber sollten wir noch sprechen/offene Fragen	

Arbeitsblatt 1: Mein eigener Lebensentwurf

M | 1 Zeitungsartikel über ein Schülerprojekt

In dem Projekt „Lebensentwürfe" einer saarländischen Schule entwickeln Schülerinnen und Schüler eigene Vorstellungen über ihr Leben. Dazu tauschen sie sich auch mit älteren Menschen über deren Lebenserfahrungen aus.

„Ein Lebensentwurf, das kann eine Kiste sein, ein selbstgestaltetes Buch, eine Präsentation auf dem PC oder einfach eine lose Ideensammlung. Ihren persönlichen Entwurf haben die Jugendlichen im Gepäck, wenn sie im Mehrgenerationentreff ‚Miteinander der Generationen' (...) mit der [Großelterngeneration] zusammensitzen. Die lebenserfahrenen Senioren sagen in einer kleinen Gruppe ihre Meinung dazu, raten ab oder zu, geben Tipps oder schildern eigene Erfahrungen. Was sie aus dem Gespräch mitnehmen, entscheiden die Schüler selbst. Aber auch die Älteren profitieren von dem Austausch: Sie stellen zum Beispiel fest, dass ‚die Jugend von heute' oft nicht so schlimm ist, wie sie denken. (...)

Während die einen schon ziemlich genau wissen, wohin es etwa beruflich gehen soll, ist bei anderen noch alles offen. ‚Ich hab noch keine Ahnung, was ich später mal machen will', sagt Alexander Reisen. ‚Ich weiß schon genau, was ich will, aber mir ist es wichtig, auch noch andere Meinungen dazu zu hören', sagt Mike. (...)

Ins Ausland gehen, das haben sich alle in der Runde vorgenommen. Im Saarland bleiben oder nicht – auch eine Frage, die sich bei der Ausbildungswahl stellt. Aber nicht nur die Berufswahl ist Gesprächsthema. Sich Gedanken über das eigene Leben zu machen, Bilanz zu ziehen, einen Ausblick zu wagen, sich über persönliche Werte und Ziele klar zu werden und einen Sinn zu suchen – das alles ist Teil des Projekts Lebensentwürfe."

Quelle: Nicole Bastong, Saarbrücker Zeitung, Regionalteil Saarlouis, 28. Februar 2014

Arbeitsblatt 2: Mein eigener Lebensentwurf

M | 2 Schülerarbeit zum eigenen Lebensentwurf (Beispiel 1)

Foto: Saarlouiser Gymnasium am Stadtgraben, Saarlouis

Arbeitsblatt 3: Mein eigener Lebensentwurf

M | 3 Schülerarbeit zum eigenen Lebensentwurf (Beispiel 2)

Foto: Saarlouiser Gymnasium am Stadtgraben, Saarlouis

Arbeitsblatt 4: Mein eigener Lebensentwurf

Aufgaben: Vorstellungen über das eigene Leben darstellen

1. Notiere, was du dir für deine Zukunft und dein Leben wünschst.
   a) Übertrage M 4 in dein Heft.
   b) Ergänze deine Wünsche und Ziele in den Kreisen.

M | 4 Sammlung von eigenen Vorstellungen

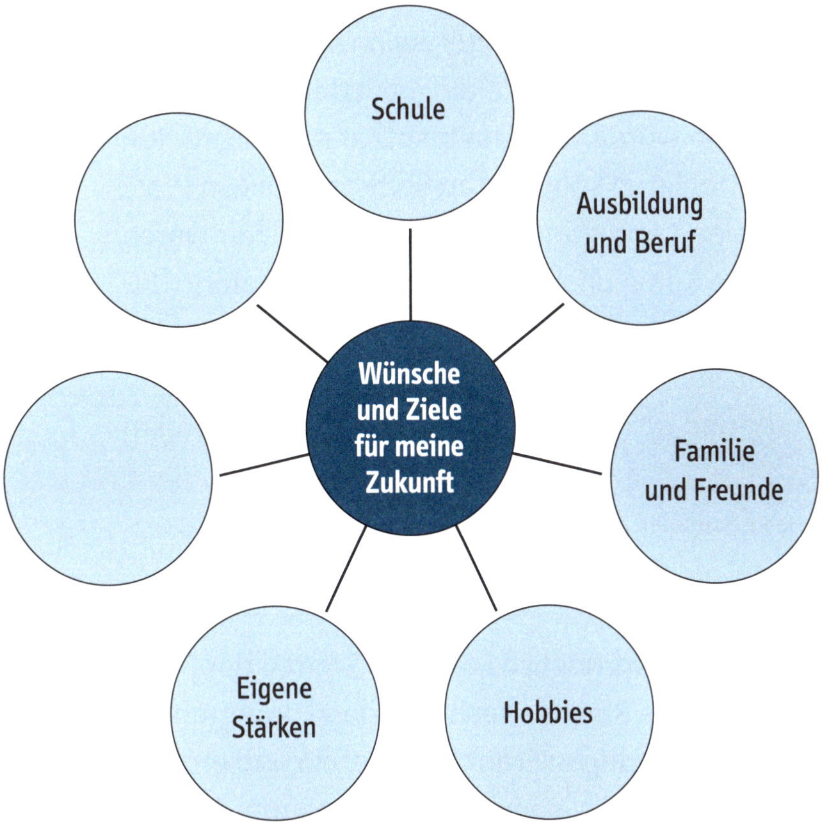

2. Überdenke, was du schon erreicht hast und was noch zu tun ist.

3. Gestalte ein Plakat zu deinem Lebensentwurf (vgl. M 2 und M 3).

Arbeitsblatt 1: Reisewege Karls des Großen

M | 1 Informationstext: Das Frankenreich

Das Frankenreich wurde um 800 n. Chr. unter der Herrschaft Karls des Großen (um 747 – 814 n. Chr.) zu einem riesigen Reich. Karl eroberte neue Gebiete und unterwarf Stämme in anderen Regionen. Das Reich der Franken wurde immer größer. Wie konnte Karl dieses Reich regieren? Er setzte Grafen und Bischöfe ein, die ihn in ihren Gebieten vertraten und alle Aufgaben übernahmen. Dazu gehörte es, Steuern und Abgaben einzutreiben, Recht zu sprechen und junge Männer für den Kriegsdienst zu gewinnen.

Trotzdem blieb Karl unsicher, ob die eingesetzten Helfer auch in seinem Sinne handeln würden. Deshalb setzte er Königsboten ein, die die Helfer kontrollieren sollten. Karl selbst reiste von Pfalz zu Pfalz, um das riesige Land zu regieren. Diese Pfalzen waren so gebaut, dass sie den König und sein Gefolge von ungefähr 150 Personen angemessen unterbringen konnten. Karl konnte in den prächtigen Räumlichkeiten wichtige Personen empfangen. Wenn Karl reiste, legten er und sein Gefolge am Tag im Schnitt 20 km zurück.

Sachinformation von Heike Schuster

Begriffe:

„Das Reich der Franken“: Ursprünglich lebte der Stamm der Franken im Mündungsgebiet des Rheins. Nach und nach drängten die Franken in das Gebiet des heutigen Frankreich herein und eroberten dies. Unter dem fränkischen König Chlodwig wurde das gesamte Gebiet zu einem Reich zusammengefasst.

„Der Graf“: Grafen waren Beamte, die von den fränkischen Königen eingesetzt wurden, um den König während seiner Abwesenheit zu vertreten. Sie setzten die Bestimmungen des Königs um, kontrollierten das Heer und waren als Richter für die Rechtsprechung zuständig.

„Der Bischof“: Der oberste Vertreter der Kirche in einem bestimmten Gebiet, dem Bistum, war der Bischof. Er beaufsichtigte das Leben in den Gemeinden seines Bistums. Die Priester waren ihm unterstellt und ihm verantwortlich.

Arbeitsblatt 2: Reisewege Karls des Großen

M | 2 Aufenthaltsorte Karls des Großen in den Jahren 775 und 776 n. Chr.

Um das riesige Reich der Franken zu regieren, bereiste Karl der Große das ganze Reichsgebiet. Aus dem Urkundenverzeichnis der Jahre 775 und 776:

M 2.1 Das Jahr 775

„*Januar*: Reichstag in der Pfalz Quierzy,
26. März: Karl feiert das Osterfest in Quierzy,
nach dem 20. April: Aufbruch zur Pfalz Diedenhofen,
spätestens ab 3. Mai: Aufenthalt in Diedenhofen,
24. Mai – 26. Juni: Aufenthalt in Quierzy,
28. Juli – 3. August: Aufenthalt in Düren,
nach dem 3. August: Sachsenfeldzug.

Stationen des Sachsenfeldzugs:
Hohensyburg (an der Lennemündung in die Ruhr gelegen),
Eresburg (Wiederaufbau der 774 von den Sachsen zerstörten Feste),
Brunsberg (südwestlich von Höxter gelegen);
Niederlage der Sachsen, die Karl am Überschreiten der Weser hindern wollten;
Vormarsch bis zur Oker,
Aufenthalt im Raum Minden/Lübbecke;
Sieg über die Westfalen.

Spätestens ab 25. Oktober: Aufenthalt in Düren,
November: Aufenthalt in der Pfalz Diedenhofen,
spätestens ab Anfang Dezember: Aufenthalt in Schlettstadt/Elsass, wo Karl das Weihnachtsfest feiert und von einem Aufstand in Italien erfährt. Karl beschließt darauf, nach Italien zu ziehen.
Weihnachten: Aufenthalt in Herstal.“

Quelle: Böhmer, J.F.: Regesta Imperii I: Die Regesten des Kaiserreiches unter den Karolingern 751–918. Neubearbeitet von Engelbert Mühlbacher. Innsbruck 1908, S. 79–92, zitiert nach: Wagener, Elmar: Reisender in Sachen Politik. In: Praxis Geschichte 2 (1988), S. 33

Arbeitsblatt 3: Reisewege Karls des Großen

M 2.2 Das Jahr 776

„*April:* Aufenthalt in Treviso,
spätestens ab 9. Juni: Aufenthalt in Vicenza,
ab 17. Juni: Aufenthalt in Ivrea,
Juli: Reichsversammlung in Worms. Von dort aus Sachsenfeldzug, da die Sachsen die Eresburg zerstört haben. Niederwerfung der Sachsen. Wiederaufbau der Eresburg.
Weihnachten: Aufenthalt in Herstal."

Quelle: Böhmer, J.F.: Regesta Imperii I: Die Regesten des Kaiserreiches unter den Karolingern 751–918. Neubearbeitet von Engelbert Mühlbacher. Innsbruck 1908, S. 79–92, zitiert nach: Wagener, Elmar: Reisender in Sachen Politik. In: Praxis Geschichte 2 (1988), S. 33

Anleitung

Ein Itinerar, ein Verzeichnis der Stationen der Reise bearbeiten und in eine Karte einzeichnen

Aufgaben:

1. Lies M 2.1 und M 2.2 durch.
2. Unterstreiche
   a) alle Orte, an denen sich Karl in den Jahren 775 und 776 aufgehalten hat, in BLAU.
   b) alle Flüsse, die genannt werden, in GRÜN.
3. a) Verbinde in M 3 die Orte, die Karl bereist hat.
   b) Verwende dabei die Luftlinie, das heißt die gerade Verbindung zwischen den Orten.
   c) Berechne, wie viele Kilometer er in den Jahren 775 und 776 ungefähr zurückgelegt hat.

Arbeitsblatt 4: Reisewege Karls des Großen

M | 3 Karte

Aufenthaltsorte Karls des Großen in den Jahren 775 und 776 n. Chr.

Karte: Westermann

Arbeitsblatt 1: Europa heute

M | 1 Europakarte mit Ländern und Hauptstädten

Karte: Westermann

Aufgaben:

1. Vergleiche M 3 aus Einheit 20 mit dem heutigen Europa (M 1, siehe oben).
2. a) Nenne die heutigen Staaten mit ihren Hauptstädten, die ehemals im Reich der Franken lagen.
   b) Vervollständige dazu die Tabelle:

Staat	Hauptstadt
Bundesrepublik Deutschland	Berlin
Frankreich	

Arbeitsblatt 2: Der Europäische Karlspreis

M | 2 Informationstext

Der Europäische Karlspreis für die Jugend

Der Internationale Karlspreis zu Aachen wird jährlich an eine Persönlichkeit vergeben, die sich besonders um die Verständigung der Menschen innerhalb Europas oder zwischen Europa und anderen Staaten verdient gemacht hat.

Seit 2008 wird der Europäische Jugendkarlspreis vergeben. Dazu werden in einem Wettbewerb Jugendliche ermittelt, die sich in Projekten engagieren, welche die aktive Mitgestaltung Europas unterstützen wollen und so der europäischen Verständigung dienen. Im Jahr 2014 gewann beispielsweise das dänische Projekt „Unser Europa" den ersten Preis. In diesem Projekt waren Jugendliche aus 24 europäischen Ländern zu ihren Vorstellungen über Schule, Bildung und berufliche Wünsche befragt worden.

Sachinformation von Heike Schuster

Anleitung

Aufgaben:

1. Recherchiere zum Thema Europäische Verständigung:
   a) Informiere dich, ob es an deiner Schule europäische Projekte oder Austauschprogramme gibt.
   b) Finde heraus, welche Partnerstädte deine Heimatstadt hat.
   c) Markiere sie in der Karte M5.

2. Suche unter der Seite:
   http://www.karlspreis.de/jugendkarlspreis.html
   oder
   http://www.charlemagneyouthprize.eu/view/de
   im Internet Informationen zu den Preisträgern des letzten Jahres.

3. Wähle dort einen Beitrag aus und stelle das Projekt in der Klasse vor.

Arbeitsblatt 1: Eine Sachquelle untersuchen

M | 1 Informationstext: Quellenarten

Um etwas darüber zu erfahren, wie Menschen früher gelebt haben, untersuchen Geschichtswissenschaftler und Archäologen Überreste aus der Vergangenheit. Diese Zeugnisse der Vergangenheit nennt man Quellen.

Es gibt unterschiedliche Arten von Quellen, die gesammelt, untersucht und ausgewertet werden, um eine Vorstellung davon zu geben, wie das Leben der Menschen früher gewesen sein könnte. Es gibt Textquellen, wie Urkunden, Tagebücher, Verträge, Inschriften oder Briefe, die einen Sachverhalt vermitteln, aber häufig auch sehr persönliche Meinungen enthalten. Bildquellen sind zum Beispiel Gemälde, Fotos, Plakate oder Karten. Sachquellen werden auch gegenständliche Quellen genannt. Je weiter man in die Vergangenheit zurückgeht, desto schwieriger kann es sein, Sachquellen zu finden. Zu den Sachquellen gehören Gefäße, Werkzeuge, Münzen, Waffen, Knochen oder Gebäude.

Für Wissenschaftler sind Quellen die wichtigste Grundlage, um Informationen über die Vergangenheit zu erhalten. Bei der Erforschung helfen auch zunehmend moderne wissenschaftliche Verfahren, um noch genauere Informationen zu erhalten. Bild- und Textquellen werden häufig im Archiv gesammelt. Andere Quellen finden wir meistens in Museen.

Sachinformation von Heike Schuster

Aufgaben:

1. Lies den Text M 1 durch.
2. a) Markiere die unterschiedlichen Quellenarten in BLAU.
   b) Lege mit deinen Ergebnissen eine Mind Map an.
3. Erkläre, warum Quellen für Geschichtswissenschaftler wichtig sind, um die Vergangenheit zu erforschen.
4. Schreibe auf, welche Überreste du hinterlassen würdest, damit Menschen in der Zukunft sich ein Bild von deinem Leben machen könnten.

Arbeitsblatt 2: Eine Sachquelle untersuchen

M | 2 Informationstext: Badorfer Keramik

Funde belegen, dass Keramikgegenstände aus Töpferwerkstätten des Rheinlandes im frühen Mittelalter weitverbreitet waren.

In Badorf entstand im frühen Mittelalter (500–1000 n. Chr.) ein Zentrum für die Herstellung von Keramikgefäßen. Badorf ist heute ein Stadtteil von Brühl, das liegt zwischen Köln und Bonn. Badorfer Keramik ist ab dem 7. Jahrhundert bekannt. Die Töpfe waren von guter Qualität und wurden in andere Länder und Gegenden verkauft. Besonders beliebt war ein einfacher, kugelförmiger Topf mit einem wackeligen Boden, der in vielen bäuerlichen Küchen genutzt wurde. Berühmt wurden die Badorfer Töpfereien aber auch mit einem Gefäß, das aussah wie eine römische Amphore und vermutlich dazu diente, Lebensmittel aufzubewahren und über lange Strecken zu transportieren.

Sachinformation von Heike Schuster

Anleitung

Schritt 1: Eine Sachquelle beschreiben

Aufgaben:

1. Betrachte das Bild M 3.
2. Ordne folgende Sätze zu den einzelnen Gefäßen zu:
   Der Hals des Gefäßes ist eng.
   Das vordere Gefäß ist ungefähr 15 cm hoch.
   Das Gefäß hat zwei Henkel.
   Das Gefäß hat einen Ausguss
   Der Boden ist flach.
   Das Gefäß ist aus heller Keramik.
   Das Gefäß hat eine Bemalung.
   Das Gefäß hat eine geriffelte Verzierung.
3. Beschreibe Besonderheiten, die dir auffallen:

   Der Zustand der Gefäße ist ______________________________

   ____

   Besonders auffällig ist ______________________________

   ____

   Die Form der Gefäße ist ______________________________

   ____

Arbeitsblatt 3: Eine Sachquelle untersuchen

M | 3 Keramikgefäße aus dem 8.–9. Jahrhundert

Foto: Rheinisches Bildarchiv Köln

Tipp: Nutze die Informationen aus M 1!

Arbeitsblatt 4: Eine Sachquelle untersuchen

Anleitung

Schritt 2: Eine Sachquelle einordnen

Aufgaben:

1. Ordne die Gefäße (M 3) zeitlich ein:
   - Aus welcher Zeit stammen die Gefäße?
   - Was erfahren wir über die Zeit, in der die Gefäße benutzt wurden?
   - Verwenden wir auch heute noch ähnliche Gegenstände?
2. Überlege, was du über die Gefäße herausfinden kannst:
   Wer hat die Gefäße benutzt?
   Aus welchem Material bestehen sie?
   Wie wurden sie hergestellt?
   Welche Bedeutung und welchen Wert hatten die Gefäße für ihre Nutzer?

Anleitung

Schritt 3: Die Ergebnisse auswerten

Aufgaben:

1. Die Gefäße (M 3) sollen in einer Ausstellung präsentiert werden.
   - Verfasse einen kurzen Text, in dem du die Besucher über die Gefäße informierst.
   - Nutze dazu deine Arbeitsergebnisse.
   - Bedenke, dass ein Besucher in knapper Form über die Ausstellungsstücke informiert werden möchte.

DIE AUTORIN

Heike Schuster M.A., Lehrerin, Köln, geb. 1966, Fachleiterin Geschichte und Kernseminarleiterin am Zentrum für schulpraktische Lehrerausbildung Düsseldorf, Schulbuchautorin.

IMPRESSUM

Praxis Geschichte EXTRA
Materialien für den Geschichtsunterricht in der Sek I/II

Herausgeber und Verlag:
Bildungshaus Schulbuchverlage
Westermann Schroedel Diesterweg
Schöningh Winklers GmbH
Georg-Westermann-Allee 66
38104 Braunschweig
Tel.: 05 31/7 08-0
http://www.westermann.de

Redaktion:
Dr. Florian Cebulla (V.i.S.d.P.)
Tel.: 0531/708-383
E-Mail: pgs@westermann.de

Herstellung:
layout + typographie,
Christoph Breig, Hannover

Redaktionsleitung:
Bernd Bredemeyer

LESERSERVICE
Sie wollen ein Heft bestellen oder sich über Praxis Geschichte informieren? Wir helfen Ihnen gerne:
Tel.: 0531 708-8631
Fax: 0531 708-8340
E-Mail: abo-bestellung@westermann.de

Vertrieb (Großbestellungen o.Ä.):
Karin Pusz
Tel.: 05 31/7 08-83 06
Fax: 05 31/7 08-87 83 06
E-Mail:
karin.pusz@bms-verlage.de

Gesamtherstellung:
westermann druck GmbH
Georg-Westermann-Allee 66
38104 Braunschweig
Tel.: 05 31/7 08-0,
Fax: 05 31/79 65 69

ISBN:
978-3-14-161042-0
Preis: **24,95 €**

Abonnentinnen und Abonnenten einer Westermann-Fachzeitschrift erhalten 30% Rabatt auf diesen Artikel.

Alle Preise zuzüglich Versandkosten.

COPYRIGHT-HINWEIS

LESERSERVICE

Für Informationen und Fragen rund um Ihre Bestellung oder Ihr Abonnement:
Tel.: (05 31) 7 08 - 86 31
Fax: (05 31) 6 17
E-Mail: abo-bestellung@westermann.de

9 783141 610420